从每天盯作业到真正管学习

打造孩子六个学习好习惯

葛建忠 著

本书从家长自身的问题入手，剖析管不好孩子学习的根本原因，帮助他们走出培养孩子学习的误区。作者结合自己多年从事中小学学习习惯训练的一手经验，从如何让孩子作业不拖拉、做事更认真、课堂更高效、学习更专注、动脑更积极、阅读更走心这六个方面，解决培养孩子学习习惯中遇到的常见问题。鼓励家长从说教到力行，用新习惯代替孩子的旧习惯，不再简单盯作业，而是让孩子真正学会学习。

图书在版编目（CIP）数据

从每天盯作业，到真正管学习：打造孩子六个学习好习惯 / 葛建忠著. —北京：机械工业出版社，2019.7（2025.6重印）

ISBN 978-7-111-62868-2

Ⅰ. ①从⋯　Ⅱ. ①葛⋯　Ⅲ. ①学习方法—家庭教育　Ⅳ. ①G791②G78

中国版本图书馆 CIP 数据核字（2019）第 103507 号

机械工业出版社（北京市百万庄大街22号　邮政编码100037）
策划编辑：刘春晨　　　　　　责任编辑：刘建光
责任校对：李　伟　　　　　　封面设计：吕凤英
责任印制：单爱军
保定市中画美凯印刷有限公司印刷
2025年6月第1版·第16次印刷
165mm×235mm·13印张·138千字
标准书号：ISBN 978-7-111-62868-2
定价：49.80元

电话服务　　　　　　　　　　网络服务
客服电话：010-88361066　　　机 工 官 网：www.cmpbook.com
　　　　　010-88379833　　　机 工 官 博：weibo.com/cmp1952
　　　　　010-68326294　　　金 书 网：www.golden-book.com
封底无防伪标均为盗版　　　　机工教育服务网：www.cmpedu.com

推荐序

很多教育界的朋友都知道我爱好猜灯谜，经常会在邀请我讲学的时候提出"穿插几条灯谜"的要求。有趣的灯谜太多，随便说几条，就会"笑果"不错。只是内容如果与演讲主题不相干，总有插科打诨的感觉，非我所愿。于是，我常有意围绕演讲主题创作或改编一些谜语，既有"笑果"，更有"意义"，下面这条便是。

谜面：分数、排名、辅导班，孩子身上的枷锁（打一商品及规格，各3个字）。

谜底：儿童被，三件套。

三件套的"儿童被"，只是一个普通商品，但在灯谜中却被赋予了新的意象：应试重压下的儿童，被"分数""排名"和"辅导班"这三件事套牢裹挟，不堪重负。如此"儿童被三件套"，谜趣之外，更增添对教育时弊的忧思！

建忠是南京大学理学学士，在澳大利亚西悉尼大学读的MBA，一般会以为他一定属于工商界，而他却一直深耕教育，长期致力于中小学生的学习心理和学习方法研究，对当前青少年教育问题有着全面的了解，对青少年心理有着深刻的理解和把握。后来又创办了正学文化，以教练式训练课程体系，帮助孩子提升学习能力，培养学习习惯，激发学习动力，解决家长的后顾之忧。

与"科长""局长""院长"不同，家长是所有带"长"字的职位中唯一不需要"专业培训"，亦无须"竞聘上岗"，更不用担心"被炒失业"的岗位。这种轻易地上岗和理所当然地在岗，对子女教育来说，并不是一件好事。

马克思曾说，"家长的行业是教育子女"。我们知道，即使是驾驶汽车，也需要考个驾照。父母和原生家庭对孩子的教育及孩子的未来，有着无可替代的重大作用和深远影响，承担着巨大的社会责任。如此重要的岗位，却没有任何岗前培训和在岗研修，很多父母甚至缺乏教育的基本常识，完全处在原生态的直觉操作状态。再加上信息时代，家长遭遇的本能恐慌，为家庭教育带来了很多问题。

建忠，一直是个行动派，不喜欢坐而论道。正如谢尔·希尔弗斯坦在《总得有人去擦星星》一诗中所说，"都抱怨星星又旧又生锈""想要个新的我们没有"，于是，便"带上水桶和抹布"出发。很喜欢建忠这种"起而行"的风格，很显然他也属于"擦星一族"。这本书正是他写给家长的"上岗必备"。

建忠是从"好学生"一路做到"好老师"的。本书是他十几年一线教育实践和思考的总结和提炼，更结合了他之前作为优秀学生的学习经历与反思。他不仅一直亲自带学生，举办各种训练班，还在上百所中小学校、很多企事业单位和社区做过500多场专题讲座，积累了丰富的经验，获赞无数。

孩子的成长包括素质养成、能力训练和知识学习三个方面。我们目前的教育似乎更偏重于知识学习，造成只关注成绩分数，而忽视素养和能力的现状，殊不知正是由于素质养成、能力训练的缺乏，造成了学生知识学习的态度和品质存在问题，成绩难以达到理想状态。建忠聚焦于指导家长如何帮助孩子训练良好的学习习惯，以提供系统有效的方法，可谓纲举目张。

本书最令人印象深刻的，是建忠倡导的三个理念，始终贯穿全书。

1. 从盯作业到管学习。这一理念给家长指明了教育孩子的方向，从每天被动地盯孩子完成作业，转变为真正主动地管孩子的学业和成长。

2. 从说教到力行。这一理念让家长提升了教育孩子的认知，指导家长进行教练式教育方法，即用行为教育代替道理说教，千遍说教，不如带领孩子一起行动，让孩子在行动中获得成就感，再去感受道理。建忠这本书的内容也力避说教，书中很多精彩的案例，常让人有一种恍然大悟的感觉。

3. 从改变旧习惯到建立新习惯。这一理念为家长提供了教育孩子的有效做法，即把注意力集中在用新的行为习惯去取代旧习惯上，而非一味地去聚焦纠偏，避免遭遇孩子的阻力对抗，而陷入与孩子无谓的争论与消耗之中。

建忠不仅对家长如何帮助孩子建立良好的学习习惯的过程进行了全面系统的方法指导，更指出了家长自身存在的问题，并指导家长如何进行自身的学习提升。托尔斯泰说过，"全部教育，或者说千分之九百九十九的教育，都归结到榜样上，归结到父母自己生活的端正和完善上"。无疑，建忠对家长自身学习提升的建议，是十分中肯的！

"世界上受遗传力量支配最小、受教育力量影响最多的生物，是人。让人类不断超越自己，而不必像其他生物只知复制自己的力量，是教育。"所有教育，归根结底都是自我教育。她像一朵花，开出来，美丽别人，自己也结出果实。

　　建忠新书付梓之际，约我写几句话，这当然是很高兴的事。看到建忠已有的进步和成就，让我对他的未来，又产生了更多的期待！有一个熟悉的名字，颇能表达我的期待，那就是"葛优"——"葛"建忠，一定会越来越"优"！

　　是为序。

卢志文

（翔宇教育集团总校长，新教育研究院名誉院长，中国陶行知研究会家庭教育专委会理事长）

前言

孩子的教育问题，是每个家庭的头等大事，其重要性，从某种程度上来说，已经超过了家长在事业上的成功！

由于各种因素的影响，孩子教育问题的重中之重——孩子的学习问题，成为困扰很多家长的最头痛的问题。孩子的各种学习坏习惯、不听话、老师的经常告状，尤其是陪孩子写作业的各种崩溃和发火，已经严重影响家长的身心健康，甚至影响了亲子关系、夫妻关系及家庭幸福。

当然，孩子的学习问题不是一朝一夕形成的，是孩子本人、家庭环境、家长及学校老师等综合因素，长时间互相影响的结果。解决起来自然不能一蹴而就，需要一个长期改善进而改变的过程。

孩子学习问题的核心是学习习惯，最佳解决时期是小学阶段，尤其在孩子三年级之前。三年级是孩子学习的关键转折期，过了三年级再想去调整就相对比较困难，因为习惯已经养成了，严重的甚至会影响孩子一辈子的学习。

由于天天面对这些实际问题，很多家长普遍形成了"一提醒、二催促、三吼叫"的模式而不能自拔。然而，这不仅不利于解决问题，反而会让问题更加严重，陷入恶性循环的状态。

根据十年来在中高考辅导中的实践，总结近几年在 30 多个学校进行的自主学习训练班的经验，并通过研究近千名学习教练上门陪学的学生案例，以及学习力特训班、寒暑假学习力特训营等项目中数百个学生的训练成果，我逐步提炼形成了一套"教练式辅导训练法"。

2017 年，为帮助更多的家长和学生，我开设了在线课堂，亲自讲授了近百节专题课程。针对学生学习过程的各个环节，在家庭教育层面，系统地为家长分享具体做法，切实指导家长的实际操作，帮助无数家长逐渐改善孩子的学习问题，获得了较大反响。

具体为以下六个方面：

1. 如何让作业不拖拉？
2. 如何让学习更认真？
3. 如何让课堂更高效？
4. 如何让学习更专注？
5. 如何让动脑更积极？
6. 如何让阅读更走心？

这套训练方法，其核心教育理念可以总结为一句话：从说教到力行。我称之为"正学力行教育法"。

在这里需要特别说明两点：

第一，家长在听课或阅读本书时，切不可迷信我说的具体方法。方法不是万能的，每个孩子的具体问题不一样，不同的孩子适合不同的方法。方法有效，一定是这个方法切合了这个孩子的具体情况。所以，我为什么会这么讲、这么做，应用这个方法背后的原理是什么，才是家长需要用心去体会的。

  第二，人的因素是最关键的，再好的方法都是靠人去应用的。我常说一句话：给你一把青龙偃月刀，你不是关羽，挥不动，却怪刀不行。家长自身的学习和反省、家长和孩子之间的互动状态，将起决定性作用。

目录

推荐序
前　言

第一部分　走出辅导孩子学习的误区

第 1 章
为什么妈妈往往管不好孩子的学习

太感性的妈妈很难坚持原则 / 004
不能接受现状的妈妈经常情绪化 / 005
妈妈管学习常见的三大误区 / 007

第 2 章
影响孩子学习的因素

影响孩子学习的五个教育因素 / 011
影响孩子成绩的五个学习因素 / 015
课外辅导真的能提高成绩吗？ / 017
影响学习效率的三个决定性因素 / 018
五大学习能力 / 020

Contents

第 3 章
家长怎样才能帮助孩子培养出学习好习惯

普通家长缺少的四种力 / 025

训练孩子学习习惯的四项基本原则 / 047

解决学习问题的四步法则 / 053

第 4 章
三招让孩子学习过程很愉悦

产生矛盾冲突的根本原因 / 058

愉悦学习第一招：明确界定，坚持原则 / 060

愉悦学习第二招：创造成就感 / 062

愉悦学习第三招：有效沟通 / 065

非暴力沟通技巧 / 071

奖惩的基本原则 / 074

第二部分
打造孩子六个
学习好习惯 >>

第 5 章
微笑淡定,是有效控制孩子拖拉的前提
——每天被唠叨,谁不烦躁?

第 6 章
认真是优秀学生的第一品质
——做事不认真,如何做好?

简单两招创造学习奇迹 / 103
学习品质要抓关键点 / 106
严师才能出高徒 / 108
学习品质的两大抓手 / 109

立规矩并非单方面简单要求 / 083
执行规矩需要强大的能力 / 085
专注是快速做作业的基本前提 / 086
做作业前必需的两个重要步骤 / 087
保证规划执行的五项有效措施 / 089
促进孩子快速做作业的八种积极行为 / 091
干扰孩子快速做作业的十三种负面行为 / 094
赋予孩子能量和信心 / 097
确保孩子快速做作业的五大要点 / 098

第7章
课堂效率和质量是学习成绩的根本
——上课没效率,哪来成绩?

什么是高效率、高质量的听课? / 112

上课前建立预期目标 / 113

上课过程中紧盯预期目标 / 115

课后回顾确认预期目标的达成 / 118

强化学科知识的四多学习法 / 120

第8章
专注力是第一学习力
——学习不专注,全都无效

孩子专注力问题普遍比较严重 / 122

专注力问题的两种类型 / 123

让孩子集中注意力的一般做法 / 124

三个简单的专注力测试 / 127

改善孩子专注力问题的训练方法 / 131

第 9 章
强化理解，引导思考，孩子才会积极动脑
——学习不动脑，如何提高

思考是一种能力，更是一种习惯 / 141
思考过程的四个步骤 / 142
大脑高效记忆的基本原理 / 144
理解到什么程度才能进行有效思考 / 149
思维的形成过程 / 157
如何有效提升思维效率 / 158
如何提高数学思维能力 / 161
如何通过成就感驱动孩子积极思考 / 167
帮助孩子养成积极动脑习惯的三个原则 / 170
一个有效训练数学思维的具体方法 / 172

第 10 章
真正的阅读并不是简单看书
——阅读不理解，何谈成长

学生时代阅读的重要意义 / 175
中小学生阅读量多少才算基本达标 / 177
中小学生应该多读哪些书 / 178
如何有效激发孩子的阅读兴趣 / 181
大声朗读的重要作用 / 184
如何帮助孩子提升阅读理解能力 / 186

君子务本，本立而道生。

——《论语·学而》

工欲善其事，必先利其器。

——《论语·卫灵公》

第一部分

走出辅导孩子学习的误区

第 1 章
为什么妈妈往往管不好孩子的学习

每一个问题孩子的背后，通常会有一个问题家庭或家长，在作为或不作为。

一家大公司的高管，知性优雅，事业有成，唯一的焦虑就是孩子的学习。经人介绍，向我讨教教育方法。

她的儿子上六年级，很听话，但成绩不好，甚至比较差。也一直在各种补课，却没什么改变。她和孩子的爸爸平时工作都很忙，顾不上管孩子的学习，每次考完试见到成绩，都是火大。

都说如果孩子教育失败，家长的事业再成功也是无用。于是一狠心，她毅然辞去高管职位，决定做全职妈妈，亲自管孩子学习。她心想，在公司轻松管理几百人，现在管一个儿子，自然小菜一碟。

教育孩子这件事，说容易也容易，说难那还真不是一般的难！

虽然恶补了很多育儿书籍，也看了无数的教育理论，但管了一年，心力交瘁，和预想的完全不同。

以前是每次看到考试成绩发一次火，现在几乎天天火冒三丈，变成了网上常说的"吼妈"，有时感觉整个小区都能听到自己的吼叫声。

虽然也知道对孩子要有耐心，要控制情绪，但看到儿子做作业的那股磨蹭劲儿，看到他那屡教不改又似乎很无辜的样子，气就不打一处来，根本就忍不住。

更崩溃的是，一年亲自管下来，儿子的成绩不仅没进步，还明显退步了。面对孩子爸爸的冷嘲热讽，学校老师的不断告状，她感觉每天都是在煎熬，心态越来越坏，脸色越来越差，脾气越来越糟。

她最终决定认输投降。

听着这些非常熟悉的话语，我可以想象出每天他们母子的相处场景。

其实教育孩子的方法和道理她都知道，无须我再教什么，面对孩子怎么应用这些方法才是关键。

她为什么搞不定自己的儿子？因为管孩子教育和管理员工是不一样的。

员工都是成年人，公司有制度，可以开除，可以扣奖金。可是孩子能开除吗？

如果孩子真的不理家长，家长便一点办法也没有。不是所有家长都能解决这个问题，尤其是妈妈，即便她是一个世界500强公司的高管。

很多家长培养出了非常优秀的孩子，除了孩子的自身努力外，家长肯定做对了很多事情，也许他们自己没有意识到。

同理，有些家长虽然为孩子操碎了心，但最终孩子表现一般，除了孩子的自身因素外，家长也做错了一些事情，他们自己也没有意识到。

管孩子的学习，怎么就这么难呢？到底是哪里出了问题呢？

太感性的妈妈很难坚持原则

现在大多数家庭都是妈妈在管孩子的学习，但是却很少有管好的。

为什么妈妈很难管好孩子的学习呢？有两个原因：

首先这本不应该是妈妈做的事。从"家庭教育"四个字来看，家庭的本质是"爱"，教育的本质是"规矩"。妈妈代表家庭，家里不是讲道理的地方，家里讲的是爱，是感情，是保护，是安全。夫妻闹矛盾，一个拥抱就全部解决了。爸爸代表社会，社会讲的是规则、规矩，孩子将来要走上社会，要去和别人相处，要去做事情。家庭中，爸爸是把孩子从家庭引向社会的那个人。

所以古语云"**养不教，父之过**"。既不是母之过，也不是父母过。

因为男人和女人有着不一样的思维偏向，爸爸相对偏向理性，妈妈则相对偏向感性。孩子的学习属于教育问题，是爸爸的天然职责。

然而，现在普遍出现职责错位的状况，爸爸忙于事业，忙于工作，基本不太管孩子的学习。但妈妈就不忙于工作了吗？不仅要工作，还要承担家务！现在全职妈妈其实并不多，大部分爸爸的忙往往只是借口而已，其实并没有真的忙到那种地步。

因为妈妈承担了爸爸该承担的职责,而女人的思维方式偏感性,在遇到具体问题时很难坚持原则,往往造成失控的局面,又无力解决,便开始焦虑、发火,出现指责、抱怨等情绪化的表现。

也许妈妈原本都有这样美好的向往:爸爸负责赚钱养家,自己负责貌美如花!然而,每天的焦虑情绪,成了妈妈貌美如花的最大杀手。

于是有人总结,目前中国家庭的普遍现状是:缺位的爸爸,焦虑的妈妈,失控的孩子。如果再有溺爱孩子的老人,那问题就更加麻烦了。

不能接受现状的妈妈经常情绪化

"情绪化"在心理学上解释为,容易因为一些微不足道的原因发生较大、较明显的情绪波动,行为上出现失控。情绪化是一种非常具有破坏力的行为状态。

孩子成绩不理想,妈妈经常会本能地将负面情绪发泄在孩子身上。孩子写作业的速度慢,就不断唠叨甚至恳求:"你快点写啊,你怎么还不写作业,到底要我说多少遍!"有时用嘲讽的语气说:"看你平时那嚣张样儿,怎么考试成绩这么差!"孩子不认真做作业,妈妈气上心头直接言语辱骂:"怎么会生了你这么笨的孩子!"

甚至有时控制不住自己，会使用暴力对待孩子，打了之后自己又特别愧疚，左右为难。

妈妈情绪化的处理方式，不仅对孩子的学习进步没有任何帮助，反而会让孩子的心情烦躁不安，使孩子更加逆反，甚至讨厌学习。

当孩子在学习上出现了问题，那么这个问题就是客观存在了，不管家长是否接受，问题就在那里，不会因为声音很大而减少，必须拿出有效的办法去解决。

如果我们不能接受现状，就无法改变现状，更谈不上改善了。因为人一旦被情绪掌控，满脑子就只有这个问题，无法去思考相应解决问题的方法。

妈妈可以回想下，每次大发雷霆时，言行是否基本上只是发泄不满情绪，而非解决问题呢？

相对来说，爸爸更理性些，只要爸爸把这件事承担起来，就解放了妈妈，妈妈的心情变好，家庭氛围马上就不一样了，孩子的学习情况也会有很大改善。

爸爸每天只需花1个小时左右陪伴孩子，并非一定是陪着他全程学习，聊聊天、读读书之类的就够了。当然周末可以多花点时间，带孩子出去玩玩。尤其是问题比较严重的孩子，更需要爸爸的教育和陪伴。

妈妈管学习常见的三大误区

妈妈在盯孩子写作业的过程中，存在很多误区，以至于花费大量精力和时间，却效果不佳，甚至情况更糟。

最根本的问题就是，妈妈往往把管孩子学习这件事看得太过简单，做法基本上都是本能的反应，可以说是简单粗暴。

妈妈在管孩子学时通常有以下三种表现。

第一，喜欢催促。妈妈经常会提醒孩子抓紧时间做作业，但是往往提醒了也不会很见效，于是提醒就变成了不停地催促，催促就快了吗？大部分情况是反而更磨蹭了。

第二，喜欢干涉。提醒和催促无效的时候，妈妈就会干涉。比如，孩子书写不符合要求，妈妈会要求他擦掉重写；孩子要先做语文，妈妈说不行，必须先做数学，否则会来不及。

第三，喜欢替代。看到孩子做事达不到自己的要求，或者认为孩子动作太慢，索性就开始替代。比如孩子做作业时，妈妈就坐在边上，有一点点不会马上就教他怎么做，有哪里不懂就反复给孩子讲，美其名曰辅导孩子学习。

如果我说，正是因为妈妈的这些催促、干涉和替代，造成了孩子做作业拖拉磨蹭、不爱动脑、不自觉，妈妈肯定不服气，更不能理解和接受。

妈妈会说，"因为他不自觉，我才催他、帮他的，怎么变成是我的问题了"。看起来似乎有点像鸡生蛋、蛋生鸡的问题了。

但这只是直觉上的本能做法。

举个简单的例子，孩子早上不起床，妈妈天天叫、天天催，结果孩子形成了依赖，等着妈妈来叫，不叫不催便不会起床。如果哪天妈妈睡过头了，他还会责怪妈妈。这是人的正常心理，有依赖肯定依赖，催促作业本质上是一样的。

妈妈都希望孩子能养成好习惯，能主动自觉地学习，但这些简单粗暴的做法，却把孩子推向了反面，造成了更大的问题。

就因为妈妈把管孩子学习这个事情看错了，看得太过简单了。如果简单的提醒催促能解决问题，就不会有问题孩子了。

如果孩子只是几道题不会做，需要家长辅导一下，这属于技术性工作，要求的是专业知识。而真正管孩子学习，是帮助孩子培养良好的学习习惯，绝不是一个简单的技术性工作。

家长都希望孩子能按照一定的要求，自己主动去做。就像在工作中，员工要按照要求把事情自主自觉地完成。管孩子学习这件事，也是一项管理工作，而且是一项特殊的管理工作。

做技术工作凭的是专业知识，做管理工作却是要靠方法的。当然，方法是否有效，就要看管理者的功力了。

第 2 章
影响孩子学习的因素

每一个"牛娃"的背后,都有一个牛妈或牛爸在不懈付出。

一个大学校友,比我低一届,他的儿子特别优秀,属于学霸型的学生。中考被上海市最好的高中提前录取,高中更加优秀,经自主招生,又被复旦大学提前录取。

这个校友很早创业,经常在外面出差,很少在家,顾不上儿子的学习。所以我一直认为他的儿子这么优秀,是他前世修来的福气!

一次几个校友聚会,他也在,正好说到我在做小学生学习习惯训练的事情。

他对我说:"老葛啊,你做的这件事实在是太有价值、太重要了!"

我很诧异:"你的儿子那么优秀,你还关心这个?"

他摇摇头说:"你是不知道啊,我现在想想都后怕!"

后怕什么呢?他开始讲述:

"儿子开始读一年级的时候,他的妈妈就跟我约法三章,'你现在工作很忙,儿子学习的问题,只能我来管。既然是我来管,那必须按我说的做,你要做到绝对不干涉.'当时,我觉得当然没问题,都是为了孩子。

"没想到从一年级开始,她就对儿子立下了规矩,并严格执行起来。

"孩子毕竟是孩子,总会有些偷懒和贪玩,但到她手上,该惩罚的坚决惩罚,该当天完成的事情必须当天完成,她都可以陪着孩子不让孩子睡觉。有几次我看得都心疼,就为儿子开脱了几句,她很严肃地向我强调了一遍绝对不允许干涉的问题,我只好闭嘴。

"有段时间,我父母来上海住了几天,看到孙子因为没做好事情挨妈妈罚,老人总是心疼孙子,觉得有点太严了,就劝了几句。她为此专门开了个家庭会议,再次强调约法三章的问题,弄得我的父母向我抱怨。

"为这事我们私下也争吵过,但她非常坚决,甚至都有点固执。我确实也没时间管,只好由着她。

"儿子在小学期间,因为严格的要求和明确的规矩,从小习惯就培养得特别好,成绩也一直很好,还参加了一些竞赛,小升初就比较轻松。到了初中以后,确实是轻松多了!学习劲头也很足。

"而且孩子的妈妈也不知道向谁学的,从来没像我的那些朋友一样,骂孩子、大吼大叫,恨不得把房顶都掀掉。我印象中她基本没怎么大声训过儿子,反正按照规矩来,这点没有商量的余地。最让我奇怪的是,他的妈妈对他那么严格,从小到大,他却和妈妈最亲,而且越大越亲,一会儿没见到,就会问'我妈呢',真是神奇,说实话,我都有点嫉妒。"

听完后,我心里暗暗向这位妈妈竖起了大拇指!我说:"孩子的妈妈很了不起啊，一是有先见之明，二是执行力很强，这是非常难得的！看来你的福气不是有个好儿子，而是娶了一个好太太！"

而大部分的妈妈又是怎样管孩子学习的呢？更多的是天天盯，天天催，动不动就发火。一个妈妈曾经向我抱怨："我原来也是淑女，现在每天一到晚上就要吼，整栋楼都能听到我的吼声，因为这个孩子，我都变成泼妇了！"

这种吼叫，都是妈妈不满情绪的发泄，不仅无助于解决问题，甚至会起反作用，长久这样，家庭氛围会比较压抑，甚至影响亲子关系，影响孩子的心理健康。

影响孩子学习的五个教育因素

天天都在盯孩子的作业，家长往往以为，这就是在管孩子学习了，而事实上并没有什么成效，因为简单盯作业离真正管学习还差得很远。

孩子学习其实分为三部分：

一是课堂听课，这是学的部分，是老师教知识；

二是完成作业，这是习的部分，通过练习巩固，掌握知识；

三是孩子的用心、用脑，是上面两个过程中，最关键的部分。

如果孩子在课堂上左耳进右耳出，回家后对作业应付完成，不能把学的东西真正地理解掌握，没有内化成应用能力，考试成绩自然不好。孩子每天都在上学，基本也都完成了作业，但很多孩子的学习成绩并不理想，造成了家长的操心和焦虑。

在学习过程中用心、用脑，这是学习习惯，是任何人都无法替代的。盯和催最多让孩子完成作业内容，却无法令他真正掌握所学的知识和技能，无法完成内化。

帮助孩子培养良好的学习习惯，让他能够主动用心学习、自主学习，这才叫真正管学习。

很多妈妈说：道理都懂，但不盯、不催，他就磨蹭，看着就忍不住发火。孩子何尝不是如此呢？道理都懂，就是做不到。如果发火能解决问题，这个世界上还会存在问题吗？发了一顿火，不满情绪是发泄了，但问题还在，并没有得到解决。

父母真正要做的，是把自己的注意力，从情绪上转移到解决问题上来。如何解决问题呢？首先当然是要具体分析问题。

孩子的学习属于教育范畴，影响孩子教育的因素主要有家庭教育因素、学校教育因素、社会教育因素、课外教育因素和自我教育因素。

这五个因素并非独立存在，而是相互关联的。

一、家庭教育因素

家庭教育对孩子影响最大，父母是孩子的第一任老师，也是最重要的老师。孩子的教育也是父母的第一责任。

孩子从出生到长大，一直在家庭里，跟父母天天在一起，对孩子各方面的了解，没有任何人能超过父母；对孩子各方面的影响，也没有任何人会大过父母；同样，对孩子教育的责任心，也不可能有任何人会强过父母。

孩子在学龄前的成长过程非常关键，尤其是行为习惯、性格心理、规矩意识等方面的形成。而大部分父母，直到孩子上学之后，学习上出现了问题，老师找了，才会真正开始重视。殊不知，孩子作业拖拉、不爱动脑、做事不认真、注意力不集中等问题，都是长期形成的行为习惯问题。无论是学校，还是辅导机构，都是很难真正起到作用的。

所以家庭教育是一个孩子成人的关键。

二、学校教育因素

孩子进入学校，主要是学习知识。学校老师面对众多的学生，其主要职责也是教学，在孩子为人处世、性格习惯方面很难兼顾。

所以学校教育对孩子的影响，主要是让孩子成才。

三、社会教育因素

现在的孩子接收信息的渠道非常多，跟过去完全不一样，电视、电脑、手机等，各种影响和诱惑都特别大。这些方面的影响甚至超过了学校课堂和父母的影响，也因此产生了很多问题。当然，孩子将来毕业必然要走上社会，将在社会中与各类人相处，经历各种锻炼，面临各种诱惑，其生活是否幸福、事业是否成功，社会因素将起决定性的影响。

所以社会教育对孩子的影响，主要是让孩子成功。

总结以上几点：**家庭教育让孩子成人，学校教育让孩子成才，社会教育让孩子成功。**

四、课外教育因素

现在升学竞争如此激烈，绝大部分孩子，周末和假期都奔波在各种补习班、培优班、兴趣班之间，有些孩子平时晚上还在上晚托班，这些课外培训基本占据了孩子的课余时间。大大小小的培训辅导机构质量良莠不齐，老师素质和水平差异也比较大，对学生的影响也越来越大。

五、自我教育因素

然而，这几个方面的教育要想真正起到作用，必须通过孩子的自我教育来完成，也就是通常讲的外因必须通过内因来实现，否则，一切都无从谈起。

很多妈妈经常说，道理都跟孩子讲了几百遍了。但是这个道理是家长的道理，不是孩子的道理，只有孩子自己内心真的这样想了，才能起到作用。比如，家长天天提醒孩子字要认真写，孩子会烦，也没什么效果，但哪天如果孩子自己对自己说，今天一定要把字写好点，那就有用了，这就是自我教育。

自我教育，一定是家长要创造一种氛围，让孩子自己去教育自己。家长想对孩子说的话，通过提问，通过和他探讨，让他自己把这个话说出来，这才是最有用的。通常人都是更相信自己的话，别人说再多遍也是没用的。

上海高中四大名校之一的复旦附中,和山区一所高中结成姐妹学校,每年都会安排一批学生到山区学校游学两个月,在那里跟山区的孩子一起上课,一起生活。

每批孩子回来,家长们都反映孩子有了惊人的变化,集中表现在孩子会主动收拾自己房间,自己整理床铺,跟家长说话客气了很多,顶嘴情况明显减少,学习上更加主动。

有些妈妈就问孩子:"你们在山区专门上了什么特别的课程吗?"孩子说:"没有其他课程,在山区上学那段时间,天天和那里的孩子在一起,感触很大。他们的学校条件和生活条件都比我们差很多,但他们都很认真、很努力,他们的梦想就是将来能拥有像我们一样的生活。我们已经拥有这么好的条件,现在想想,以前确实有点儿不太珍惜。"

相信这些孩子的家长平时没少讲这些道理,但孩子自己亲身经历了之后,自己体验了,感受了,不用家长说,自己就教育自己了。

影响孩子成绩的五个学习因素

除了各种教育因素的影响,学习本身也不是那么简单,并不是多听课、多做题就一定成绩好,很多成绩不理想的孩子,上的课和做的作业并不比别人少。

至少有以下五个因素会影响孩子的学习成绩：

- 学习时间
- 学习方法
- 学习能力
- 学习状态
- 学习习惯

这几个方面不是孤立的，而是相辅相成、互相影响的。

比如，学习状态不佳，就可能导致拖拉磨蹭，造成学习时间很长；反过来，学习时间过长，也会造成学习状态不佳。

同样，如果学习能力不够，遇到困难，就会使自信心受到打击，影响学习状态。久而久之，可能产生畏难情绪，形成不爱动脑的学习习惯等。

在这里要特别说明两点：

第一，学习方法没有想象中那么重要。

在孩子学习成绩不那么理想时，很多家长直觉上总觉得是孩子的学习方法有问题，其实大部分情况并非如此。

小学和初中的知识还是比较简单的，是很基础的东西，并不需要什么特别的方法。很多孩子成绩不理想是不好好听讲、不用心思考、作业简单应付甚至抄答案等原因造成的。

有的孩子会说，英语单词很难记住，他的同学就是因为学了记单词的方法，所以英语比他好。而实际情况是，他的同学想把单词背好而去寻求方法、提高效率，而他自己并不想下功夫背单词，只是想依靠快速记忆法来走捷径。

关键是主观愿望不同，也就是学习状态不同，方法只会在应用时提高效率，任何学习不可能单纯依靠什么方法获得好成绩。

第二，并不是学习时间越长成绩越好。

大量事实表明，孩子的学习能力、学习方法、学习状态、学习习惯和学习时间，不是简单的相加关系，而是乘积关系。尤其是学习时间，并非学习时间越长成绩越好，关键在于学习时的状态。如果学习状态很差，效率就会很低。比如，孩子多学了一倍的时间，学习状态却下降了百分之六十，这个效果会更差。而且时间越长，状态越差，严重的还可能会造成厌学情绪。

有时，成绩越好的孩子，在学习上花的时间越少，而看似花的时间多的孩子成绩反而比较差。为什么呢？很简单，因为效率很低！比如，半小时可以完成的作业，却花了两个小时。高效率乘以时间才等于好效果。

课外辅导真的能提高成绩吗？

很多孩子在各种机构补习辅导，参加各种培优班，做了很多习题，他们的成绩明显提升了吗？

在我十年的中高考辅导中，专门做过数据统计。所有参加补习辅导的孩子，无论是大班小班辅导，还是一对一线上线下辅导，最终结果，基本是三个三分之一，即三分之一的孩子会有明显进步，三分之一的孩子没什么变化，还有三分之一的孩子甚至出现退步情况（出现退步也很好理解，这部分孩子本身就有学习态度问题，自己不想学，如果周末再被逼着补课，不仅是应付，还造成了依赖，在学校也不好好听课了，自然会出现退步）。

有三分之一的孩子经过辅导会有明显进步，这个结果看起来似乎还不错，而我们不知道的真相是，这些有明显进步的孩子中，超过70%的孩子，即使不参加这些辅导，也一样会有这样的进步。因为他们本身就很好学，勤于钻研，在学校同样会向老师请教，和同学探讨。

也就是说，90%的孩子补课基本上是无效的，只是家长在心理上获得安慰而已。

为什么会这样呢？因为对于造成孩子学习成绩不理想的根本性问题，我们没有意识到，或者说没有真正解决。试想一下，如果数学不好就补数学，英语不好就补英语，事情能这么简单，学校里还会有成绩不好的孩子吗？

影响学习效率的三个决定性因素

可以这样说，影响孩子学习效率、决定孩子考试成绩的，绝对不是补了多少课，刷了多少题，而是与三个因素有关：学习状态、学习习惯和学习能力。

首先是学习状态。学习状态不佳体现在懒散、贪玩、情绪化等几个方面。有的孩子很懒散，回到家就瘫在沙发上或椅子上，遇到一点点困难都不愿意动脑，只会逃避。有的孩子很贪玩，特别是玩起游戏来，手机拿在手上就放不下来，时间和精力都消耗在这方面。家长说他两句，他就马上顶嘴。这就属于学习状态不佳，这样的孩子从内心是不愿意去学习的。

其次是学习习惯。这是最关键的部分，家长也常说孩子的学习习惯不好，孩子具体有哪些不好的学习习惯呢？可以大体总结为六点：

1. 拖拉磨蹭
2. 粗心大意
3. 不爱动脑
4. 书写潦草
5. 注意力不集中
6. 不爱阅读

这六个不良习惯，严重影响了学习效率和学习成绩，是目前家长焦虑的根源，也是任何补课都无法解决的。

最后是学习能力。孩子出现学习状态不佳、学习习惯不好的问题，很多情况下是因为学习能力不够，他想做却做不到。

学习能力不是指智商，而是指把事情做好的能量和力量。

五大学习能力

学习能力不是智商,具体是什么呢?主要包括以下五大能力:专注力、思考力(包含理解力)、自信力、自主力和坚毅力。

一、专注力

专注力是第一学习力,主要表现在孩子是不是能很专注地做一件事。比如上课的时候,是不是能够把注意力集中在老师讲的内容上,同时大脑能跟着老师讲课的节奏同步思考。很多孩子缺乏专注力,上课经常开小差,时常处于放空的状态。

有一个很有趣的现象,经常有家长带着学习有问题的孩子来找我咨询,我都会问孩子一个问题:"来,跟老师说说,今天数学课老师讲了什么内容?"那些成绩不太好的孩子,对这个问题的回答竟然出奇地一致:好像今天老师没讲什么,就是讲评了一张试卷。再让他们说出试卷上的一两道题时,就都说不清楚了,因为他们根本没往心里去。

有一个三年级的小男孩,数学一直不好,尤其是应用题,感觉他丝毫不理解题目的意思。我找他交流,想给他一些指导。

我告诉他:"关于数学学习的问题,老师就跟你谈三分钟,谈完你就可以回家了。"在我问他学校上课情况的时候,他的眼神一直很游离,我不断提醒他,让他看着我,回答我的问题,又给了他几点建议,告诉他怎么做。然后我问他:"这几点,你觉得你能做到吗？"他却回答说："三分钟到了吗？谈完了吗？我可以走了吗？"显然，他满脑子只有三分钟是否结束，根本没有听老师在讲什么。这就是专注力问题，这个问题很普遍。

二、思考力

思考力，包括理解力。家长经常要求孩子好好动动脑筋，什么叫好好动脑筋呢？怎么动？拿什么动？往哪个方向动？这是能力问题，如果他做不到，怎么逼他也没用。

我曾经遇到一个五年级的男孩。这个孩子各科成绩都很差，每次考试都在为及格而奋斗，尤其是数学，感觉他对数字没什么概念。聊天过程中，他一直在东张西望，注意力很不集中。为了调动气氛，我给他出了一道比较简单的趣味数学题，题目很短，也就半行式子。没想到我刚写完，笔还没放下，他瞄了一眼，也就一秒钟时间，马上说："我不会，你告诉我答案吧！"我愣住了，大部分孩子起码会去琢磨一下，他竟然一点脑筋都不愿意动，这还是比较少见的。他的妈妈也说，平时做作业，只要不是一眼能看出答案的题，他都要等别人教，这就是严重缺乏思考力了。

三、自信力

自信不仅是一种状态，更是一种能力。很多孩子看到数学题目比较长，还没做就觉得很难，内心就认为自己肯定不会做，觉得英语单词很难背，记不住，语文课文太长，背不出，这都是自我设限，缺乏自信的表现。

自信力不够的孩子，不会去主动思考、积极行动，然后就真的做不到了。

我一直记得，在我上小学和中学的时候，但凡遇到难题，我从来不会去问老师和同学，因为我觉得我是优秀学生，我一定可以做出来。经过努力思考，往往就能做出来。曾经有一道题，断断续续琢磨了近10个小时也做不出来，我便较上劲了，最终是在梦里面做出来的。那种成就感，简直无与伦比，也就更加自信了。而现在很多孩子，普遍缺乏这股劲头。

四、自主力

自主力，是孩子自主管理自己学习的能力。很多家长抱怨，孩子连自己的书包都不会整理，每天都是一团糟。作业本丢三落四，有时候做完的作业本都找不到了，看着都来气；更没有时间观念，也搞不清楚学了什么，问他哪些不懂也说不清楚。这些都是缺乏自主能力的表现。

五、坚毅力

坚毅力，也就是毅力，或者叫坚持力。有的孩子刚开始对什么都有兴趣，但只有三分钟热度。出现问题，被老师或家长批评了一顿，也认错表态，保证不再犯，但好不了几天，又打回原形，不能坚持。说得再好，不能坚持做到，也无济于事。

以上这五个能力，如果孩子不达标，该做到的事都做不到，再多的说教，甚至打骂，也没用。

一个孩子，如果状态不佳，习惯不好，能力又不够，补再多的课也没有用，都是在浪费时间。

学习状态、学习习惯和学习能力这三方面的问题就像三道鸿沟，把孩子和学习远远隔离开。如果孩子在学校都不认真听课，回家也不好好做作业，即使周末去补课，也是在耗时间。上学就想着放学，上课就想着下课，人在课堂心却不在，学习怎么会有效果呢？

解决了真正影响孩子学习的这三个根本问题，再去补课，再去提高强化才会有用，否则，就没有任何意义。

采取有效措施激发学习状态、训练学习习惯、提升学习能力，才是真正管学习。

然而，家长往往会忘记这些要求，只是盯着孩子完成作业而已。如果作业完成了，老师不告状，就万事大吉了。如果老师告状了，才会重视起来。平时家长心情好，会夸孩子几句，如若心情不好，孩子再不自觉，那就是一顿发火，这个就不是真正在管学习了。

第 3 章
家长怎样才能帮助孩子培养出学习好习惯

有一位妈妈,带着上四年级的女儿来找我,交流完学习问题后一起吃饭,整个过程大概持续了三个多小时。

在这个过程中,妈妈每说一句话,女儿立即就会怼回去。一会儿指出妈妈的说法不对,一会儿又说妈妈某个字说错了,甚至是发音不够准确。女儿始终关注一些无关紧要的细枝末节,而妈妈要真正表达的意思,她却并没有听进去。

我明显感觉她们母女的沟通处在对立状态,属于无效沟通。

为何会这样呢?

其实原因就在妈妈那里。因为妈妈说的每句话,都是带着不满、抱怨和指责的口气,基本都是疑问句、反问句或者否定句,比如:

为什么你会这样做?

为什么你不能安静点?

为什么你从来都把我的话当耳旁风?

我都提醒你很多次了,你忘了吗?

你说你哪一次做到了？

大多数孩子从小都是被宠的，都很有个性。家长如果没有足够的威信，往往会造成这种沟通氛围，双方精力都会耗在对抗上。互相抱怨指责，还谈什么帮助孩子培养好习惯呢？

普通家长缺少的四种力

人们常说，孩子是天生对付家长的高手。因为孩子对家长的了解，比起家长对孩子的了解，更敏锐，更深刻。从这个意义上来说，教育孩子的过程，就是家长和孩子斗智斗勇的过程。此种情形，在每个家庭中都在上演。

家长和孩子经常陷入争论，甚至争吵，实际上就已经表明家长并不比孩子高明和高强，或者说家长已经拉低了自己，和孩子在一个水平线上，被动地应对，本质上就已经被他带进了沟里。

真正厉害的人，始终掌握着主动权，永远立于不败之地，然后寻找机会取胜。

很多家长以为孩子不听话，是因为自己缺少好方法，但事实并非如此，各种儿童教育的书里方法很多。家长真正缺少的是力，是有效执行这些方法所需要的力。

家长到底缺少哪些力呢？我总结为四种力。

一、定力

很多情况下，家长跟孩子进行沟通时，家长的声音会越来越大，好像孩子作业拖拉，是因为耳朵出了问题。为什么沟通会变成发火吼叫呢？

这是因为家长的心态变坏了，不能接受现状。

家长经常说的话就是，"你为什么到现在才做这么一点？你为什么这么慢？你怎么错了这么多？怎么说了几百遍了，就是不听呢？你写的字怎么这么差呢？"这些抱怨、指责，本质就是内心不能接受孩子这个现状。

无法接受现状就会纠结于"**为什么**"这种问题，挥之不去。实际上就是家长的内心被孩子影响了，**定力**不够。

什么是定力？泰山崩于前而色不变，麋鹿兴于左而目不瞬。俗话说"定能生慧"，没有定力，心智被情绪蒙蔽，解决问题的智慧就没了。

当家长在抱怨、指责孩子时，孩子的第一反应就是反驳，弱势点的孩子会很无助地看着家长。

此时孩子的心情肯定会变得糟糕，更没心思好好做事。就像我们学开车时，如果坐在旁边的师父不断地训斥，我们会更加紧张，结果是越做越差。

定能生慧

孩子出现问题时，最重要的是家长能够接受问题，定住心神，把关注点放在采取有效措施去解决问题上，结果就会完全不一样。

某个周五，我的妻子去接儿子放学，儿子动作慢，她就催儿子快点收拾书包，结果儿子落了东西在学校。晚上儿子在楼上做作业，突然就噔噔噔跑到楼梯口冲着他的妈妈喊："妈！都怪你，就因为你催我，一本数学练习册忘记带回来了！怎么办？"

他的妈妈正在洗碗，一听这话，马上就要发火，我相信接下来的剧情会是这样：

妈妈说："你还好意思说？自己丢三落四的还怪我催你？"

儿子肯定不服气，必定继续："你不催我，我会忘拿吗？"

然后就是无休止、无结果的争吵……

所以我首先马上阻止他的妈妈接话，然后跟儿子说："就这点小事？爸爸现在去学校帮你拿回来，你看需要吗？"

听我这么说，儿子一愣，马上说："算了，我用别的本子做吧。"然后掉头就上去了，没有说其他话。

我接受了现状，主动把我们的关注点导向了如何解决问题，而非争论是非对错。于是，儿子决定用别的本子做，解决了这个问题。

有多少人愿意接受呢？

比如，有人对你说："你这件衣服真难看。"

听到这句话，一般情况下我们是不能接受的，心里会不舒服，或者直接进行反驳。

乐于接受的表现是什么呢？当别人说你的衣服难看时，你可以说："哎呀，这个衣服真的很难看吗？你快跟我说说哪里看起来不好呢？"

这么一说，对方还有什么可说的呢？这就叫接受。

敢于接受，是需要有强大的内心的。而一旦接受，就给双方创造了一个良好的氛围，我们的关注点就会放在如何改善上。

遇到问题，首先要有定力，主观上接受已发生的情况。同时，还要接受一个客观事实，那就是每个孩子都是不一样的。

家长也未必想把孩子都教育成一样的。比如，家长经常说孩子不听话，难道家长真的希望自己的孩子是那种很听话的孩子吗？在家里听长辈的话，在学校听老师的话，工作后非常听领导的话，将来成家了听妻子或丈夫的话，处处唯唯诺诺，这真的是家长想要的那个孩子吗？我相信未必。

四种类型的孩子

借用网上泡爸的说法，《西游记》里唐僧师徒四人，基本代表了四种孩子。这四类孩子如果想强求统一，是不可能的。

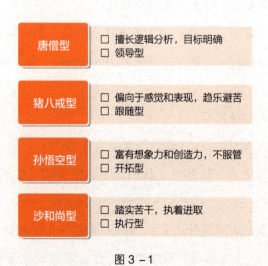

图 3-1

第一种是唐僧型。唐僧型注重逻辑分析，目标非常明确，认理不认人。明确了要去西天取经，无论路上有多少妖魔鬼怪，都不改初心。这个类型的人属于领导型人才。

第二种是猪八戒型。猪八戒型注重感觉和表现，趋乐避苦，喜欢享受。认人不认理，只要你对他好，他就听你的，属于跟随型。

第三种是孙悟空型。孙悟空型注重想象力和创造力，敢作敢为。这个类型的人不认人，也不认理，只认为自己是天下第一，本事很大，最敢干。不爱受拘束，属于开拓型。

第四种是沙和尚型。沙和尚型注重纪律执行，很老实，很听话，很踏实。认理也认人，只要是他认可的人，他就听，他认可的道理，他就会去做，属于执行者。

唐僧属于**领导型**人才，猪八戒属于**跟随型**人才，孙悟空属于**开拓型**人才，而沙和尚属于**执行型**人才，每个人都不一样。

可以对照一下，你的孩子偏向于什么类型。

家长为什么会累？

我们相信，无论如何，猪八戒都很难做到像唐僧那样目标坚定明确，一路不再惦记高老庄。也无法让孙悟空像沙和尚那样，坐在那儿老老实实听话。当然也不可能要沙和尚变成孙悟空那样敢作敢为，虽然沙和尚可能特别希望能像孙悟空那样胆子大一点。

对不同类型的人，要求也不能一样。孩子属于哪一种类型，就要找到适合他的教育方式。如果是唐僧类型的，家长得有真经，孩子才能坚定西行；如果是八戒型的，就要给他创造"高老庄"的向往；如果是孙悟空型的，家长就要有佛祖的法力，他自然皈依；如果是沙僧型的，虽然看起来很老实听话，但可能家长更着急。

家长需要接受孩子的客观状况。如果真的逼迫孙悟空这种类型的孩子像沙僧一样老实听话，我相信他可能会非常压抑，也许后面会出现一些无法控制的后果，到时候后悔莫及。如果孩子明明是八戒型的，却非逼他成为唐僧型，那样家长很累，孩子更累！

二、能力

我们的周末特训班有个规矩，所有孩子必须上交手机和平板电脑，否则不能进教室上课。

一次，我上第一节课，有位六年级的男生可能不想交手机，因为是老学员了，和我比较熟悉，就在教室门口问我："葛老师，为什么一定要交手机啊？"我看着他，只说了两个字："规矩！"就不再出声了。他只好无奈地拿出手机，交给老师。

我没有和他讲道理，因为我知道，一旦我和他讲道理，他会有更多的道理等着我。如果我说"怕你们上课看手机分心"，他会说"不会的，我把手机关机放口袋里"。诸如此类，徒费口舌。

我只讲规矩，规矩两个字很容易明白，也很好操作，更是我们希望达成的结果。很多孩子喜欢辩论，因为他们觉得自己很有道理。但我不上他们的圈套，不打算讲什么道理，只讲规矩。因为我知道讲道理没用。

家长喜欢给孩子讲道理，还经常抱怨："道理我都讲了几百遍了，他怎么就是不听！"

孩子的问题是因为他不知道道理吗？

问题越多的孩子，其实对道理越清楚，因为天天有人给他讲道理。他只是不想去做，更没信心做到。他不是笨，而是懒，身体懒得动，脑子懒得想。

单词还没背，就说记不住；数学题还没看清楚，就说不会做；平时活蹦乱跳，一到学习就精神萎靡。

家长会说："孩子懒得去做，不肯动脑，我也没有办法了。"

真的没办法了吗？当然有办法，而且超级简单有效，那就是缺什么补什么。

孩子懒是因为缺什么呢？能力！勇于挑战的内心能量之能，克服困难的行动力之力。

这个能量和力量，需要老师和家长给孩子，即赋能。

为什么有的家长会说没办法？因为自己也没有能力，所以给不了孩子。其实不是缺办法，而是缺乏能力。

孩子学习不好，家长经常焦虑烦躁。焦虑是一种非常低能量级的状态。自己都缺能量，如何给孩子能量呢？

我们看一下这张能量层级图（如图3-2所示）。

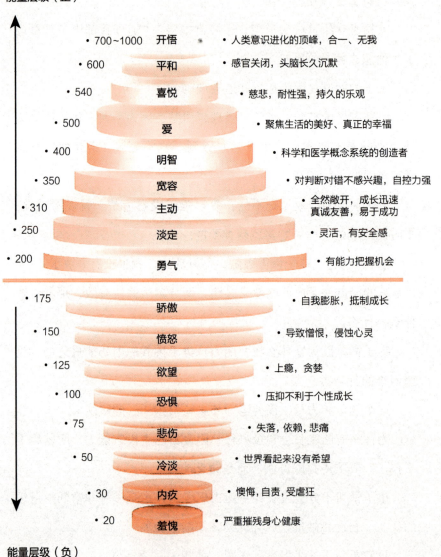

图 3-2

两个低能量级状态的人只会相互消耗，只有高能量级的人才能向低能量级的人赋能。

如果妈妈处于低能量级的状态，整个家庭氛围就会很压抑，家庭成员之间就会相互对抗消耗，孩子的问题将会更加严重。

能力是一种精神气质，是人的内在力量，只能靠自我修炼获得，我称之为修炼信念系统。当具备强大的信念系统，就会处于高能量级状态，拥有强大的气场。

一位年轻老师，在我的隔壁辅导一个孩子做作业，有一天作业有点多，孩子做了近三个小时还没做完。

老师最后来找我："葛老师，他还有一首古诗背不出来怎么办？"

我觉得很奇怪，三年级的孩子，四句古诗会背不出来吗？

那天要背的是朱熹的《春日》。

> 胜日寻芳泗水滨，无边光景一时新。
> 等闲识得东风面，万紫千红总是春。

我对那位老师说："这四句诗，他5分钟就可以背出来。"

我对孩子说："你先大声读一遍，我听一下。"

孩子读了一遍，但不够大声，我就带着他读了一遍。

我说："你自己大声再读一遍。"他又读了一遍。

我把书合上，说："背一遍。"

他说："我背不出来。"

我说："肯定可以，开始！"

他背了一遍，两句有些结巴，在我提示之下，背了出来。

我说:"你看不是背出来了吗?"

他说:"但是背得不熟。"

我说:"再大声读一遍。"

他又大声读了一遍,然后比较流利地背了出来。

我说:"背得不错!老师也来背一遍,你听听。"

我用超快的速度,背了一遍。

他一下震住了:"老师,你怎么能背这么快呢?"

我说:"你也可以这么快啊,还能比我更快!"

他跃跃欲试,虽然还没达到我的速度,却也是非常流利了。

有趣的是,第二天过来时,他第一时间冲到我面前,说:"老师,我也背得很快了。"然后那四句诗脱口而出,果然比我更快。原来他是特意练了,专门来找我展示一下的。

为什么我只花了 5 分钟,就让他熟练地背了下来,过后还乐此不疲地练习呢?我和那位年轻老师的方法有什么不同呢?

答案是我们在教这个孩子时的内心状态是不同的,大概有以下三点:

第一,内心我坚信。四句古诗,他 5 分钟必须背出来。

第二,内心我自信。我一定能让他 5 分钟背出来。

第三,内心我确信。他肯定会在 5 分钟内背出来。

孩子真的背不出这四句诗吗?当然不是,他只是没有信心做到。

在我教他时,因为我内心的这三个信念,我的眼神、语气和表情给了他能量和信心,所以他做到了,事情就是这么简单。

而那位老师,内心并没有这些信念,只是催促孩子快点背,背不出来就觉得没办法。

孩子是需要带动的，带着他，他就动。而带动别人则需要强大的能量气场。

很多时候，我一说话，孩子立即就会行动，没有任何借口；有些老师按我一样的说法，孩子却会讨价还价，就是因为不同的能量气场所致。

爸爸和妈妈对孩子说话，孩子会有不同的反应，也是因为他们的能量气场不同。

经常说没办法的人，他的话自然是不会有人听的。

给我带来强大能量气场的，就是信念系统。信念系统有三个要素。

信念一：坚信这件事情必须做到。

很多时候，遇到事情，我们会各种盘算、考量，自以为很聪明，希望找到一个性价比最佳、最保险、不吃亏的做法。殊不知天下哪会有那么多便宜事。

做任何事都要付出代价，关键是：我们在乎的到底是事情，还是代价。

所有的纠结和理由，只是表明：没有那么坚定要做这件事，没有真正下决心。

信念二：自信自己一定能做到。

一个人有没有自信，对能不能做成事影响很大。自信是什么？自信就是相信自己一定能把事情做到的那种心态。

自信的人一定会找到办法解决问题，不自信的人永远都会有理由。这是内心指引的不同方向。

信念三：确信孩子肯定能做到。

家长经常地否定孩子，不断地批评指责孩子，对孩子缺乏必要的信心，是孩子不自信的主要根源。有的家长觉得冤枉，说："我当面都是鼓励他的，一直告诉他，妈妈对他有信心。"但其实，无论家长嘴上说什么，孩子是能感受到家长内心的真实想法的。家长所有的担心焦虑，所有的催促提醒，所有的发火指责，都是在不断告诉孩子：我对你没信心！

家长是孩子在这个世界上最亲的人，如果最亲的人对他都没有信心，那么他的信心从哪里来呢？家长只有内心真的对孩子充满信心，眼神、语气、表情才会传递出相应的信息，孩子也会接收到无穷的能量。家长给孩子的是信心，他得到的就是信心；给他的是压力，他得到的就是压力。

回想一下，孩子在蹒跚学步的时候，无论他如何摔倒，如何害怕，经历多少次失败，我们当时是什么心态，又是如何对待他的呢？我们知道，他一定会学会走路的。那才是对孩子真正的有信心！所以，每个孩子都坚强地站立起来，坚定地迈出了自己的人生步伐！

具备这三个信念，就构建了强大的信念系统，内心充满着能量和力量，人就会处在高能量层级。

高能量的人，才能带动影响更多的人，去行动，去改变。

三、洞察力

看似简单的问题，要想应对好其实并不简单，而一旦应对错了，反而会变得更复杂。

比如孩子的学习问题。

我的儿子上初二时，有次在家做作业，拿出一张数学试卷准备要做。

我问他："这张试卷预计多久完成？"

他看了一下说："大概要一个小时。"

我说："根据题量和难度，半个小时足够了。"

他说："不可能，肯定要一个小时。"

问题产生了，怎么办？

做法一：就给半小时。

做法二：折中一下，给45分钟。

做法三：不争了，尽量快点做。

三种做法似乎都有道理。

但结果基本上会一样：花了一个小时，甚至更长时间。

我采用第四种做法。

我说："爸爸亲自做一遍给你看，你给我计时"。

他自然很起劲。我拿出一张白纸，花了15分钟把所有的题目做完，他很惊诧。

我说："你看，爸爸用了15分钟，你比爸爸差点儿，半个小时足够了吧！"

他点点头，结果25分钟完成。

前面三个方法为何无效？因为没搞清楚问题是什么。

根本的问题是：孩子认为要一个小时，不管父母是强迫还是折中，都无效，他一定会用实际行动和结果去证明他确实要一个小时，甚至更长。

只有孩子自己觉得半个小时可以完成，他才会努力去完成。我的做法对症下药，给他带来了信心，所以他做到了。不清楚根本问题是什么，怎么能有效解决呢？

老师敲黑板说，"同学们，强调多少遍了，要认真审题！"审题，就是要洞察问题背后的玄机，探究出题人真正的意图。然后，才能在一个频道上对话。

洞察问题的本质，是真学问，大智慧。缺乏思考习惯的人，往往是依本能反应，凭直觉行事，或者人云亦云。

孩子磨蹭拖拉，就不断提醒催促；作业不会做，就给他讲解；不听话犯错误，就发火教训；成绩不好，就去报班补课。如果这样就能解决问题的话，孩子也就不会存在学习问题了。

家长重视和操心孩子的学习，并为此付出巨大的精力。结果呢？孩子上了更多的课，刷了更多的题，不再有时间思考，不再有时间阅读，更没有时间锻炼，学习上没有提升，甚至会出现厌学、弃学的情况，家长更加焦虑。究其根本，是我们没有认清一个基本事实。

孩子基本分为两类。

一类是自燃型，天生追求自我成就，自觉主动学习。这类孩子在学习上比谁都上心，家长无须操心，只需要给他创造条件，在他需要时，给他提供帮助和支持即可。学校里排名前 5%~10% 的孩子，基本上属于这个类型。

另一类是点燃型，天生追求自我享乐，被动接受学习。这类孩子内心也想要好成绩，但行动上趋乐避苦，希望不劳而获或少劳多获。绝大部分孩子属于这个类型。

点燃型孩子的学习，必须要有人给他明确的标准和要求，并能促使他做到，这个人只能是学校老师，因为在这些孩子的潜意识里，只有学校老师的要求，才是必须完成的学习要求，学校老师的话，才是他最在乎的。而其他任何人，不管是家长，还是课外老师，他都会去应付，都没那么在乎，他们的话自然就不会有什么作用。

于是我们可以看到，学校老师对孩子的一句表扬和鼓励，效果胜过家长十倍百倍；同样，学校老师对孩子的批评和打击，家长也无法弥补。

有些孩子，在老师的严格要求下，认真努力，取得了不错的成绩，获得了成就感，更加自信，成为优秀学生。

反之，如果学校老师不能严格要求孩子（当然对不同孩子应该有不同要求），或者在孩子未能按要求做到时，不能采取有效措施，而指望家长去解决，除了徒增家长的烦恼之外，基本是无效的。部分有意识、有能力的家长，在帮助孩子建立良好的学习习惯方面或许能起一些作用，而对于孩子的整体学习来说，作用是极其有限的。

至于各种辅导班，作用更是微乎其微，只是众多家长的心理安慰而已。

如若学校老师处置不当，加上家长因无力解决、过度焦虑，对孩子简单粗暴地过多干涉，甚至责骂，可能会将孩子推向厌学、弃学的状态。这种情况已经屡见不鲜。

我认为，这是目前很多家长困扰于孩子学习的根本所在。不能抓住本质问题，所有的努力都是徒劳的。

有一个去美国读初中的孩子给我讲了这样一件事。他们班级有个学生爱睡懒觉，上学经常迟到，老师在和学生数次谈话无效后，采取的措施竟然是报警。更加令人惊讶的是，警察竟然真的出动了。每天早上，警车会开到学生家门口，两个警察把他从床上拽起来，塞进警车，送到学校。一个星期后，这个学生每天老老实实按时到校了。

也许老师也很清楚，找家长无非是每天催促而已，不能真正解决问题，学校的规矩也就失去了威信。

我还见到过很多优秀的老师，因为对学生的严格要求，让学生心生敬畏，所教班级有良好的学风，学生成绩非常优异，某些学科在高考中竟然经常能达到班级平均分140分以上（满分150分）。

古语云：教不严，师之惰。应该就是这个道理。

由此，孩子学习上有问题，家长能做的，是寻求学校老师的严格要求，实在不行，就找一个能替代学校老师对他严格要求的、他绝对认可的老师（当然，这个难度很大），别的做法，均是舍本逐末，无异于缘木求鱼。

如何在过程中辨别老师是否在有效地严格要求呢？

我在这里提供一个简单的标准：看孩子上完课的状态。如果孩子是一种打了胜仗凯旋的状态，即使疲累，也神采奕奕，自信满满，那就是遇到了严格的好老师。

反之，如果孩子是一种打了败仗铩羽而归的状态，无精打采，神情木然，甚至往椅子上一瘫，玩游戏、看电视，可以判定，他在课上是没有什么收获的，内心充满空虚感。

要解决问题，首先要洞察问题的本质，这就需要逐渐减少自己的主观臆断和固有见解，而不能靠本能反应。

人的主观意识和固有见解都有分别性和局限性，在探求本质时会成为障碍。而本质的东西是无分别性的，是一种自然而独立的存在。它在看着你，你被蒙蔽了，却看不到它。如同一颗宝石，深藏在浑浊的水底，水落则石出。

遇到问题，我们都急着想尽快解决，其实问题就是答案，只是我们并未弄清楚真正的问题所在。

要想解决孩子的学习问题，老师的严格要求，以及能带动孩子按要求做到至关重要。简单地说，就是：老师管好学生，家长管好自己。

对于家长来说，要么成为这样的老师，要么找到这样的老师。除此之外，别无他法。

四、执行力

学了很多知识，知道了很多道理，了解了很多方法，然而，却可能依然做不成事情，甚至管不好孩子。

这是因为方法再好，想法再多，执行力不够，一切都没有用。

比如，家长听专家说要给孩子立规矩，觉得很有道理。于是和孩子郑重约定，除了周末，平时不许看电视，孩子同意了，规矩定好了。

有一天，孩子突然说，作业做好了，要看会儿动画片。

妈妈当然说不行，孩子就开始闹，有些小孩子甚至会大哭大闹。闹久了，妈妈嫌烦，就让步了，说只准看 15 分钟。15 分钟怎么可能够？

孩子通过哭闹，测试出妈妈是会让步的，而哭闹是有效的武器。以后他就会时不时使用这个武器，达到自己的目的。而妈妈也会一再退让，最终在和孩子的博弈中，慢慢失去了掌控权，孩子逐步掌控了家里的局面，变成了他说了算。

这种局面的形成，是因为妈妈没有坚持原则，没有坚决地执行定好的规矩。

要想造就强大的执行力，需要借助三大力量。

第一，蓝图的力量。

在我们的周末特训班和寒暑假特训营中，我作为总教练，经常会发现很多问题，要不断进行纠正和指导。

助教们很奇怪，会问我："葛老师，我们觉得已经非常用心按要求去做了，这些问题，你一说，我们马上能意识到，但如果你不说，我们还感觉自己做得挺不错的，怎么就意识不到呢？你是怎么发现的呢？"

我告诉她们，每项具体训练，都是我亲自设计的。对于每个孩子需要达到的训练标准，训练过程应该是什么样子的，在我的脑海中，都是有清晰的图像的。只要实际情况和我脑海中的图像有差异，我立即就能感觉到。而助教虽然知道要做什么训练项目，也知道应该怎么做，但孩子的训练过程最终应该是什么样子的，标准不够具体明确，更没有清晰的图像，于是就会容易接受现实的情况。

做任何事，都如同盖一座大厦，如果没有具体清晰的施工蓝图，随意去盖，那最后会盖成什么样子呢？

目标蓝图越清晰，越有助于指导我们在过程中更好地执行。

第二，坚持的力量。

我们往往以为，自己不够成功、不够优秀，是因为自己知道的太少，需要学习更多的新知识。其实并非如此，而是我们对于该做的事情，没有坚持做到，所以得不到想要的结果。

因为必然存在的两种因素的干扰，计划成了变化，有想法没做法，有做法没坚持。

做事情时，相关的人和发生的各种事，是外部干扰因素；自己的各种想法和情绪，是内在干扰因素。

我们曾经办过一个晚托班，孩子平时放学过来做作业。周五学校放学早，我们规定下午1:00~5:00要把周末作业完成才能回家。

一个周五下午，一个三年级的男孩，不认真做作业，故意拖拉磨蹭，结果拖到了5:30，还有两项作业没完成，而他的爸爸5:00就已经在外面等着接他了。

他不想做了，说剩下的两项回家再做，老师看时间也晚了，就答应了他。他很开心地把书包整理好背在身上，准备回家。

此时正好我走过来，当我得知他并没有按要求完成作业时，我明确地告诉他不可以走，必须完成作业以后才能回家。

他很生气，嘟囔着说以后再也不来这里了。

我郑重地对他说："老师给你明确两件事。第一，你来与不来，不是你说了算，是你的爸爸妈妈说了算。第二，即便你下周不来了，今天你在这里一天，就得遵守这里的规矩。今天虽然你的爸爸已经在外面等你好久了，但在作业完成前，就不可以走，我会陪着你，即使到夜里12点，也必须完成。"

他一听我这么说，立即把书包往桌上一摔，开始号啕大哭，还捶胸顿足、拍桌子。

我对那位老师说："作为老师，今天你没有尽到责任。现在你看着他，但不用管他，让他哭，但作业必须做完。"

说完我就回办公室了。

过了5分钟，他让老师来找我，说要我和他的爸爸过去一下，我猜他是想谈点条件，便说："没什么好谈的，作业完成才可以回家。"

他又哭了5分钟，看没辙了，只好老老实实地做作业。大概又花了一个半小时完成了作业，此时已经过8点了。

他的爸爸带他回家前，让他和我说再见，他气呼呼地不理我。

他回家后，我发信息问他的妈妈："孩子回家有说什么吗？"他的妈妈回复说："没有说什么，还挺开心的。"

是啊，作业完成了，周末轻松了，当然很开心！

到了周一，他的爸爸接他放学，问他是回家做作业还是继续去我们的晚托班，他说："为什么回家啊，当然去晚托班啊。"

在走廊看到我，他远远地就打招呼："葛老师好，我来了！"

我冲他笑了笑，孩子就是孩子，发脾气只是一时而已。

从那天起，他的表现一直都非常好，每天都自觉认真完成作业。他还经常来告诉我，今天被哪个老师表扬了，今天老师又奖励他两块橡皮，英语老师奖励他作业免做，全班就他一个人可以免做，等等。

孩子很多时候只是想偷懒，但心里非常清楚到底谁是真正对他好。

事实证明，对孩子越严格，他和你越亲近；对孩子越纵容，他越容易轻视你。

温和地坚持原则，严格要求，才是对孩子真正的爱。

管理的前提是自我管理，就是坚持做好自己该做的事，不能自己破坏规矩，却想要求别人。

做任何事，只有不断克服各种外部和内在干扰因素的阻碍，坚持到底，才能获得成果，成为成功的少数人。

不历经磨难，如何取得真经，修成正果。

第三，共振的力量。

我曾经现场指导一位老师如何带孩子做作业。因为快考试了，要给孩子听写 1～10 课所有的词语，量比较多。

老师听写第一个词时，我就发现了问题。有一个字孩子不会写，抓耳挠腮地想，老师就催他："快点写啊，怎么这个字也不会写？"孩子说："等一下，我再想想。"

按这个速度，两个小时也听写不完。

我便对孩子说："我来给你听写，规矩是这样：两字词语，我读两遍，中间隔一秒左右；四字词语，我读三遍，中间也隔一秒左右；不会写的字，暂时空着，结束后我们再订正。"

按这个节奏，我一个个词语读出来，孩子跟着写。第一课听写完，我说开始第二课，然后继续读。

在这个过程中孩子有时也会说"等会儿"，我都当没听见，依然按我的节奏继续。

我给他听写了两课，检查后发现就错了两个字。

然后我让那位老师按我刚才的方式继续。

然而，在那位老师带他听写的过程中，孩子又出现了各种不满，时不时地叫："读得太快了，我们学校老师都是等我们写好再读下一个的。""等一下，刚才的词没听清楚，声音太小了。""为什么不告诉我已经开始第四课了……"

为什么孩子前后反应会不一样呢？

在我给孩子听写时，虽然我明确了规矩，也在执行规矩，但在具体过程中我会有所变通。比如读每个词时，我同时会关注孩子实际书写的情况，笔画少的简单的词，我会读得快点，笔画多的较复杂的词，我读时会拉点长音，停顿也会稍长些；我的语调有抑扬顿挫，有时会简单解释一下这个词。

我不断感受他的节奏，同时调整我的节奏，我的读和他的写，逐渐形成互动共振的状态，找到了平衡。

我说开始第二课，就是告诉他，我们又完成了一课，让他有阶段性的成就感。

在给孩子听写时，家长也要考虑这些细节问题，多关注孩子的书写情况，不能只顾按自己的节奏读下去，要考虑字词的笔画繁简，不能都是一个速度，语调不要太平淡，一课结束后要告知孩子。

这样便不是单向读词，可以形成互动状态，找到共振的节奏。

如果没有达成共振状态，便无法调动孩子的情绪，不能形成合力，自然就会引发对抗和不满，消耗不必要的精力，执行效果就会事倍功半。

蓝图，指引执行的方向，确保想要的结果。

坚持，管控执行的过程，确保不被干扰而放弃。

共振，促进执行的高效，确保更多的资源和支持。

三位一体，即为执行力！

总结一下，做任何事情，尤其是要成为优秀的管理者，特别是家长要真正管好孩子的学习，须具备以下四种力。

第一，定力，遇事淡定，定能生慧。孩子犯错很正常，他就是在不断的犯错中不断成长的，接受才能改善，改善形成改变。

第二，能力，能量＋力量。要以强大的信念，给孩子信心，给他能量和力量去行动。

第三，洞察力，洞察问题的本质。直觉是本能，克制本能才是本事，是大智慧。君子务本，本立而道生。

第四，执行力，把事情做到位。明晰蓝图，坚持到底，化冲突为协作，达成共振，形成合力。

训练孩子学习习惯的四项基本原则

四项基本原则，核心就是要克制我们原生态的本能反应，去采取真正有效的措施解决问题。只有从内心真正理解和掌握，变成自己的内心认知，才能做到王阳明先生说的"知行合一"。

原则一：界定孩子该做的事。

我有个校友，他的儿子酷爱游戏。他就充分利用这点，把儿子的平时作业和考试成绩严格与玩游戏的时间进行挂钩，制订了详细的表格对照，作业认真完成就增加游戏时间，考试成绩在多少分之上就增加游戏时间，反之就减少游戏时间。但孩子的妈妈反对这样做，觉得让孩子太功利化不好，问我到底这样做对不对。

　　这个问题从系统思维来看，如果让孩子做其他事情，是否也要给他相应的条件呢？从发展思维来看，现在他酷爱游戏，如果哪天他突然不爱玩游戏了，会不会就对好好学习没动力了呢？

　　从教育的角度来说，界定清楚什么是孩子该做的事情很重要。作为学生，认真把学习学好是他该做的事情，是不可以讲条件的，否则就会陷入无休止的纠缠之中。**把该做的事情做好，才能去做自己喜欢做的，这是原则问题。**

　　有家长问我，孩子对数学没兴趣，如何培养孩子的学习兴趣，说只要他有兴趣了，就一定能学好。这就是我们本能的想法，我觉得其实这是一个伪命题。首先，有兴趣就能学好吗？半途而废者不在少数，学好任何东西都是要花精力下功夫的，今天是有兴趣，过几天遇到困难就没兴趣了，怎么办？妈妈天天做饭、洗衣服，是因为对做家务有兴趣吗？把该做的事情做好，是必须承担的责任。其次，很多人不是有兴趣才学好的，而是学好了才产生兴趣，学得不好自然是没兴趣。

　　我曾对一个孩子说，"你每天坚持大声读英语半小时，100天后自然会对英语产生兴趣。你不喜欢英语老师对吗？可以，我也不要求你喜欢他，但你必须把英语作业做好，来，开始做。""你不喜欢数学？没关系，我也不喜欢，现在我们来做这道题。"其实，很多孩子说不喜欢，只是不想去做的借口，如果和他争论，就陷入了他的陷阱。直接该做什么就做什么，他慢慢做到了，成绩提高了，信心自然就会恢复，兴趣自然就来了。

原则二：驱动孩子自我教育。

家长送孩子上学，总会叮嘱一句："上课好好听。"回到家做作业，也会经常说："快点做作业，字好好写，专心点！"这些都是家长本能的反应和做法，而且希望孩子心里会这样想："妈妈提醒得对，我一定要好好听课，快点做作业，认真写字，听妈妈的话！"可是大多数孩子只会嫌家长唠叨。

提醒和催促的做法多半是没用的，要用驱动的方式。比如上课的问题，我们都知道课堂效率和质量是影响孩子学习的根本因素，在学校上课不听讲，任何补课都没用。**正确的做法是，严格强化预习和复习**。作业做好后，花几分钟时间，把第二天要学的内容预习一下，把不懂的疑难问题写出来，带着问题去听课，要求必须把问题在学校弄明白，这就是上课的任务。回来后，在做作业前，先花几分钟时间，把学校课堂的重点内容回忆复述出来，把前一天预习的问题讲明白，否则就不要做作业。这就是用复习和预习的方式驱动孩子上课认真听讲，孩子自己会开始提醒自己上课认真听，为了回来讲得清楚，他在放学路上自己就开始回忆复习了。

再比如孩子做题不认真，经常粗心，这是目前孩子学习最大的问题，提醒没有用，要他自己多检查也是应付，根本检查不出来。正确的做法是，和孩子定好规矩，为了帮他解决粗心问题，任何一道题，只要出现错误，哪怕就是一个字写错了，这道题全部擦掉重写，严格执行。这样，孩子粗心的情况立马就会改观。为什么呢？因为他不想重写，在做的时候就开始专心认真了，这就是驱动他进行自我教育的结果。

有位老师和我讨论孩子犯错该不该找家长的问题。我们可以想象一下，如果班上的王小毛同学犯错了，老师很生气，让他叫妈妈来，王小毛会不会这样想："老师真好，我犯错了就告诉我妈妈，对我真负责，我好喜欢这个老师！我以后一定听老师话！"我想没有孩子会这样想，他心里肯定很不舒服，如果因此被爸爸妈妈责骂或者惩罚了，他甚至会恨老师。反过来，如果老师对他说："小毛，在老师心目中，你是不错的孩子，不应该犯这个错，这次老师不会告诉你的妈妈，老师相信你以后不会再这样做了，对吗？"这时候王小毛心里会怎样想呢？我相信他一定会进行自我教育了。

原则三：把家长的成就感变成孩子的成就感。

快期中考试的时候，一位家长希望我们的老师（我们叫学习教练）给孩子好好复习一下，这位老师马上说："家长放心，我会帮他好好梳理一下知识点，给他好好讲一遍的。"这也是我们很多人的本能做法。但我觉得这样做有所不妥。**恰当的做法是，让孩子自己梳理知识点，讲给老师听，如果他不会梳理，就要教他梳理，他讲不清楚的地方，就是他需要强化的薄弱地方。**只有这样，他考出好成绩，才会有成就感，他才会知道应该怎样学习，否则即使成绩进步，他也是没感觉的，反而会产生依赖感。

很多孩子之所以不爱动脑筋，遇到难题不愿思考，就是因为长期以来只要遇到不会的题就问，家长或老师就会讲给他听，形成了不愿动脑的习惯。如果孩子遇到难题，那说明这正是他需要提升的地方，首先要求他能在不看书本的情况下，把这道题的已知条件和要求先清楚明白地讲出来。往往这个时候，一半的孩子就会做了，如果还是不会，则要通过不断提问，带着他思考，最后引导他自己思考出来，然后要鼓励他："你看，这么难的题你都能做出来，好厉害！"他也会很得意，也就建立了信心，以后遇到难题，他才有信心去思考。

《三字经》讲"教不严，师之惰"。为什么我们喜欢给孩子讲题？因为自己会做，讲给他听，这是比较简单的做法。而如何启发孩子自己动脑，却是需要具备功力的，而且给孩子讲10遍，不如他自己讲1遍有效果。孩子在讲的过程中，会不断思考、不断总结、不断发现问题，这才是真正学习和提升的过程。孩子能讲清楚了，才是真正掌握了，也就不需要再问他：懂了吗？

原则四：关注行为过程，而非结果。

有一位教英语的老师问我，最近他儿子背英语课文进步很快，有一次他背了一篇课文，爸爸就表扬他："哇，儿子，你好厉害，背得比爸爸都好了！"儿子却因此而骄傲起来，后来再让他背他就不那么上心了。是不是不该表扬他呢？这个问题相信很多家长也遇到过。表扬当然没错，错在表扬的点。家长本能的反应就是这样，好就表扬，但仔细想想，家长表扬的目的是什么呢？是为了让孩子更加努力去做。**希望孩子努力去做的事情，就是表扬他的点**。比如，可以这样表扬："儿子，就因为你每天坚持半小时大声读英语，所以现在英语说得比爸爸都好了，爸爸也要向你学习！我们比赛！"这样效果就不一样了。

也就是说，**要表扬努力的行为和过程，而不是结果**。很多家长喜欢和孩子约定，如果考试考多少分以上，就给什么奖励，如果低于多少分，就要惩罚，这种做法其实是不合适的，这无形中给孩子增加了压力，让他无法安心去做该做的事。家长应该鼓励和肯定孩子努力的行为和过程，让他明白，只要平时用心努力，成绩自然会好，即便因为其他因素的影响，没有获得理想的结果，也是没关系的，还可以继续努力。同样，因为人都有惰性，适当的惩罚也是应该有的，但惩罚也要针对行为和过程，而非结果。

同时，我们都知道，很多时候孩子不是做不到，而是没有行动力去做，没有信心做到，家长要不断给他信心。这里教家长一个简单的话语技巧，不要说"我希望你期末能考出好成绩""我希望你能做到"之类的话，要把"希望"改成"相信"，因为"希望"隐含两个意思，一是这是你的事，和我没关系；二是你做不到，我希望你做到。如果说"我相信你一定能做到"，这句话的力量就不一样了，这建立了家长和孩子之间的信任关系，给了孩子信心。

讲道理、想办法培养兴趣、提醒催促、给孩子多讲解、随意表扬和惩罚，这些都是我们的本能反应和做法，绝大部分家长遇到问题都是这么做的。很多时候这些做法并不能解决问题，反而会使问题越来越严重。克制本能才是真本事，才是有效训练孩子良好学习习惯的正确方法。

孩子的学习习惯是一种行为，行为的纠正是一种训练过程，家长要像孩子的教练一样去训练他，这就是我们提倡的"教练式陪学"的具体做法。

如果家长希望孩子成为学习上的刘翔，自己就要学会像孙海平一样，成为孩子的"专业学习教练"。

解决学习问题的
四步法则

很多时候我们遇到问题没有方法论，只会说怎么办，或者眉毛胡子一把抓，想到哪里是哪里，这是很难有效解决问题的。方法论，就是解决问题的策略，或者说一般的步骤。

我们这里介绍的解决问题的方法论分为四个步骤，简称四步法则。

第一步，探究问题的真正根源。

所有的问题，最终呈现的都是结果，叫"果"，其实它前面还有"因"和"缘"。因是问题产生的起因，缘是过程，是从起因到最终形成这个结果中间经历的整个过程。有了"因"和"缘"，才有了这个"果"。

粗心、不爱动脑筋、遇到数学题不愿意做，或者动作慢等问题，都是结果而已，而不同的结果其起因和形成过程都是不一样的。

曾经有一个朋友问我，他的孩子数学试卷做得很慢，怎么办？我对他说："数学试卷做得慢，具体原因是什么，你知道吗？可能是上课没认真听，他不会做；也有可能他都会做，只是写字速度慢；还有可能是他做题的时候不够专心认真，做一会儿玩一会儿。"

同样的结果，有三种不同的原因。如果是因为听课不认真，那就要解决课堂问题，即知识掌握的问题；如果是因为写字慢，那就要提升写字速度;如果是因为不专心,那就要强化专注训练。

要想知道问题的原因,就要和孩子平心静气地交流,询问情况,了解他的想法。有些孩子可能自己说不清楚,那家长就要去观察,跟班主任老师、任课老师去沟通,了解一些具体情况,从而探究出可能的原因。

找到根本原因,这是解决问题的第一步。

第二步,达成分阶段解决的共识。

解决问题是孩子需要具体做的事,不是家长的单向要求,所以要跟孩子达成共识,一起去解决这个问题,而且要分阶段解决。

比如,孩子的数学基础本来就比较差,如果家长要求他考一百分,孩子可能一听就不想做了,因为他觉得不可能。所以,要分阶段来解决,先及格,逐步提高到 70 多分,再达到 80 分,再到 90 分,这是可以做到的。要有共识孩子才会愿意去做。

第三步,商定逐步改善的有效做法。

有了共同的目标之后,家长和孩子要一起商定一个逐步改善的做法。

很多时候,因为只有想法而没有具体做法,最后也是一场空。做法也要共同商定,必须是孩子认可的做法,而且是一个逐步改善的做法。

比如有些孩子,总是因为粗心而写错字,那么就要和孩子商定好,周末要专门练写字,或每天拿出 20 分钟来练写字,就抄课文。怎么练呢?拿出一张 A4 纸,从左上角抄到右下角,要求每个字大小一样,间隔一样,并且每一行写在一条直线上。这个基本规矩定好后，商定明确，第一遍最多只准错三个字，只要出现写错第四个字的情况，不管抄到了哪一行，都要换张纸再从头开始抄，直到按要求抄满一张纸为止。第二轮练习的时候，提高要求，只准错两个字，直到最后一个字都不错。

这就是逐步改善的做法，我用这种办法训练过好几个孩子，基本都是一次成功。

第四步，共同坚持执行。

找到了问题的原因，有了一起解决问题的共识，又有了明确的具体做法，接下来就是一起执行。

可以看出，这是双方一起合作做一件事，而不是家长单方面的要求。这个时候，双方是合作关系，而平时遇到这种情况，家长和孩子之间往往会形成冲突关系，很多精力和时间都消耗在互相对抗上，效果自然大打折扣。

遵循这四个步骤，就掌握了解决孩子学习问题的总体策略。根据孩子的具体问题，就能知道如何有效地激发他的学习状态，提升他的学习能力，最关键的是知道如何训练他的学习习惯。

前文我们讲过孩子的六个不良学习习惯，如果家长一直盯着这些问题，一心想去纠正这些坏习惯，恐怕是很难做到的。因为既然是习惯，一定是长期形成的，直接去纠正，他的注意力还是在旧习惯上。因为是惯性，所以阻力会非常大。

正确的做法是忽视这些旧习惯，培养新的习惯去取代这些旧习惯。 比如孩子正在乱跑，如果冲他喊"不要乱跑"，往往没什么作用，因为他听到的重点还是"乱跑"。而如果改成"慢点走"，可能会更直接而具体，也更有效。

要让孩子培养哪些好习惯呢？我总结出以下六个学习好习惯：

第一，上课专心听讲；

第二，快速完成作业；

第三，做事认真仔细；

第四，积极动脑钻研；

第五，主动预习复习；

第六，坚持课外阅读。

如果孩子能养成这六个习惯，自然就会成为优秀的孩子，家长就会很轻松。

这六个学习习惯也是相辅相成的，只要做到了一个，就会带动其他几个方面。

比如上课的问题，如果孩子上课专心听讲，对所学的知识理解掌握了，就会觉得作业比较简单容易，也就能够快速完成；心情状态好，他就会更认真、更仔细，学习效率也会更高，从而有更多的时间进行预习、复习，还会得到老师更多的表扬，他的信心就建立起来了，学习也更有动力了，就会越来越好。这就形成了学习上的良性循环。

孩子的学习和教育，是家长最重要的责任，关系到家庭的未来，每个家庭起码应该有一个人，要很专业地负责这件事情。

孩子在学习，在成长，家长更要学习，给孩子做出榜样，和孩子一起成长，无论是对于孩子还是家长，这都是一件非常幸福的事情。

从说教到力行，真正帮助孩子成长！

第4章
三招让孩子学习过程很愉悦

我们都知道,在做事情的时候,完成的质量往往和我们做事的状态紧密相关。如果这个过程是愉悦的,那么往往可以事半功倍;但是如果这个过程让我们十分痛苦,可能所得到的成效就是事倍功半的。

孩子学习很辛苦,在面对适当的压力时可能会变得更有动力,但是过度的压力可能会使孩子产生负面情绪,从而影响一个孩子的心理健康,打击孩子的自信心,导致孩子出现不断消极对抗的状况。比如,孩子在学校里被老师批评,回家以后难受的情绪一时未得到缓解,却又因为学习被妈妈催促埋怨,他在潜意识里就会认为写作业是一件令人难受的事情,那么在这种状态下,学习效果是可想而知的。

怎样才能让孩子积极主动地投入到学习中呢?毫无疑问,如果孩子认为这个过程非常有愉悦感,就能够更加容易地主动坚持下去。如果家长能从焦虑中解脱出来,保持淡定微笑的状态,不吼不叫地管学习,帮助孩子养成良好的学习习惯,让孩子更加独立自律，那么孩子也就能够在愉悦的状态下更加有效率地学习，这才是我们真正的目标。

产生矛盾冲突的根本原因

家长常说："我也知道孩子心情愉快才能好好学习，但我家的孩子，不谈学习的时候，都很开心，一谈学习，就会有矛盾，起冲突，甚至像仇人一样。孩子的学习真是让我们头疼，是我们最大的烦恼。"

这段话应该是现今大多数家长的普遍心声。这段话中有两个关键词，一是矛盾冲突，二是烦恼。我们简单分析一下这两个词的本质，只有搞清楚了本质问题，才能知道如何针对性地解决。

首先，矛盾冲突的本质是什么？或者说，人与人之间为什么会有矛盾冲突？素不相识，甚至不知道对方存在的两个人之间会有矛盾冲突吗？肯定不会。即使两个人互相认识，但从不接触联系，他们之间也不会有矛盾冲突。矛盾冲突的前提是双方有交集，有接触。有交集、有接触就一定会起冲突吗？当然也不一定，我们每个人每天都要接触很多人，发生矛盾冲突毕竟是极少数情况。那么到底在什么情况下会发生矛盾冲突呢？

比如，你独自一个人在大街上走着，街上没什么人，马路对面也有一个人和你一样在走路，突然，这个人穿过马路，走到你身边，和你肩并肩，也没和你说话，就这么和你一起走。这个时候，你内心肯定会想，那么大地方，为什么和你靠这么近，这人有什么企图。于是你躲开，离他远点，继续走，没想到他又靠过来，还是要挨着你。这个时候你肯定就要爆发了，矛盾和冲突就发生了。什么原因呢？因为他突破了你们之间的安全距离。心理学研究表明，陌生人之间的安全距离是1.5米左右，也就是说，如果这个人在离你2米之外走，你都不会有这种不舒服的感觉。

  这个距离是绝对的吗？当然不是，如果在拥挤的人群中，同样是紧挨着，也不会有这种被冒犯的感觉，所以这种安全距离是一种心理距离，随着环境和两个人之间的亲密关系而变化。比如，好朋友一起走路可能会勾肩搭背。这种心理安全距离，就是我们每个人默认的心理界限，一旦这个心理界限被突破，矛盾冲突就发生了。

  人与人之间有默认的心理界限，家庭成员之间也一样。而在一部分家庭中，家长与子女之间的界限确实是不受关注的。不要说孩子未成年前，即便是孩子成年后，家长对子女的就业、婚姻等诸多问题的干涉甚至管控，都是习以为常的事情。大多数家长，在心理上会把孩子当作自己的附属品，很难把孩子作为一个独立个体看待，对孩子都有一种控制欲，而这种控制的出场方式是很高大上的，"我都是为了你好！""你是爸妈的希望！""我们这是关心你，对你负责！"等等。在这种爱的旗帜下，家长的所有想法、要求、做法都占据了道德制高点，具备了合法合理性。孩子作为正常社会人的心理界限通通无效，矛盾冲突自然难免。

  一心想要控制，但当预期要求不能达成，甚至对方抗拒控制，或者局面失去控制的时候，烦恼就产生了。尤其是在眼看着局面失控，自己又无能为力，而又心有不甘时，烦恼加剧变为痛苦，甚至是愤怒。为何会失去控制呢？因为本质上对方是一个独立的人，人的天性都不想被控制，即使是自己的父母。作为未成年的孩子，因为无法独立生活，自然不会明确对抗，但会采取消极对抗的方式，比如应付敷衍、阳奉阴违、拖拉磨蹭、找理由借口搪塞等，让很多家长束手无策。

无力控制自我的人，就会想去控制别人。若想真正摆脱这种痛苦和烦恼，还得回到自我控制上来。别人终究是独立的个体，不可能完全按自己的要求去做到，如果一味要求别人，痛苦就会难以避免。

愉悦学习第一招：明确界定，坚持原则

通过以上的分析，我们就清楚了，越界是造成矛盾冲突的根源，如果亲子双方一谈学习，就处于矛盾冲突的状态，孩子把精力都放在与父母的对抗上，怎么能安心学习和思考呢，更何谈愉悦的心情。

所以，教育学有一句话，教育的首要前提是界定，就是首先要界定该做什么，不该做什么，该怎么做，做到什么标准。其实就是要定好规矩。从孩子学习的方面来说，就是要和孩子一起界定

好他的作业时间、阅读时间、休息时间，当然还有他自己的时间。原则上，要相信孩子能够管好自己的时间和自己的事情。作为家长，不要随意越界干涉孩子，更不可无视约定，随意增加要求。这样就能大大避免无谓的矛盾冲突。

需要强调的是，首先，这个界定是双方的共识，而非任何一方的单方面要求和规定。也就是说，是双方共同商定，共同认可，明确双方共同执行的约定。其次，这个界定必须是明确而具体的，也是可操作的，而不能只是简单笼统的要求。必须包括具体的目标内容、标准和相关措施。这样，双方根据这个规矩进行执行就可以了。

有了明确的界定，就需要双方都坚持去做到。我们当然希望孩子能主动自觉地做到，但孩子毕竟是孩子，不可能完全做到自觉。其实从某种意义上来说，孩子能否坚持去做，关键要看家长是否能坚持做到自己该做到的。既然界定了孩子该做的事情，首先，家长不要随意干涉；其次，当孩子强行打破规矩，不能按约定做的时候，家长一定要严格执行这个原则，这是关键所在。而事实上，很多约定的规矩，起先都是被家长自己破坏的。

家长坚持原则是培养孩子良好习惯的前提条件。孩子的适应性是很强的，对孩子要有足够的信心，只要坚持原则，他是一定会做到的。

但是，如果家长内心没有足够的信念，即前文说的强大的信念系统，即使是定好的规则，想执行到位也是很困难的，更难以坚持。

比如，同样一句话，爸爸和妈妈分别说给孩子听，孩子的反应会不同；同样一个要求，张老师和王老师分别布置给同一个学生，效果也会明显不同；尤其是爷爷奶奶辈的老人对孩子说话，和爸爸妈妈说话，在孩子身上起的作用也是完全不一样的。为何会这样呢？

因为孩子接收到的信息不一样，即他感受到的对方的信念强度不一样：这个事真的必须做吗？真的不做不行吗？是不是即使没做，也不会怎样？这些信念是通过说话者的语气、眼神、表情传递的。当孩子强烈地感受到了，他便知道他必须马上做，没有任何推脱的可能性。家长的威信就是这样建立起来的。

于是，因为没有对抗消耗，事情顺利完成，目标达成，双方都很满意。

所以，只有在共识的界定规矩下，双方各自坚守，按约定执行，慢慢形成习惯，才能形成愉悦的学习和沟通状态。

愉悦学习第二招：
创造成就感

在坚定执行规矩的前提下，怎样让孩子的学习过程很愉悦呢？我们每个人都希望有快乐的心情，除了吃喝玩乐带来的快乐之外，人在什么时候会有精神上的愉悦呢？我们都有这样的体会，感觉无所事事会比较轻松，但绝对不会快乐，时间久了甚至会更痛苦；忙忙碌碌不仅累，也不会觉得快乐。不做事也不快乐，做事也不

第4章

三招让孩子学习过程很愉悦

快乐，快乐去哪里了呢？

有一天，在出租车里，我偶尔听到电台里播放广告，四个字：创造快乐！这四个字一下子击中了我，没错，快乐是创造出来的。其关键就在于成就感，成就感能够带来真正的快乐！而成就感则来自于目标的实现，实现小目标有小的成就感，实现大目标就有大的成就感。

同一个单位的两个员工，一个每天都给自己定一个明确的工作目标，即使加班加点也要完成，由此带来的成就感激发了更多的信心和斗志，挑战更高的目标。而另一个员工，得过且过，没有目标，上班盼着下班，没有努力的方向，看到的全是困难和不公，牢骚满腹，没有成绩，更会引起领导的不满，如此形成恶性循环。

孩子的学习，何尝不是如此呢？如果每天的作业，都是在家长的不断催促、责骂声中完成的，何来成就感和快乐呢？疲于应付而已。要改变这种状况，就需要在学习中创造成就感。

首先要帮助孩子建立可达成的目标。

很多家长说，孩子在学习上都定过目标，考多少分，班级进前多少名，考上哪个学校，但定了也没用。我认为这些并非是目标，而是结果。目标和结果是有区别的，区别就在于确定性。考多少分和试卷难度、考试状态、身体状态都有关系，考第几名还和其他同学的表现有关系，并非是靠自己的努力能完全控制的，是不确定的。目标则是明确具体的，是通过努力确定可以实现的，结果只是目标最终呈现的状态。

以下列举几个合适的目标：

- 8:00 前完成作业

- 每天背 3 个单词
- 每天解决（记住）一道题
- 每天朗读 20 分钟
- 每天用 5 分钟预习新课
- 每天用 5 分钟回顾课堂知识

当然，为了给孩子的学习创造更多的成就感，还可以把一个目标再细化为几个更小的目标，创造更多的快乐。

一位妈妈向我抱怨说孩子写作业总是很磨蹭，尤其是字写得特别慢，每天盯着都要写到 10 点，不知道要费多少口舌，几乎每天都要发火。有一天放学，我让家长带孩子过来，我想观察一下孩子写作业的过程。

我看到他准备做抄写的作业，问道："这个抄写的作业你需要多长时间可以完成？"他说半小时左右，我看了下字数说："我们用 10 分钟抄完。"孩子表示肯定不可能，他的妈妈说半小时能抄完就算快的了，平时在家起码要 40 分钟。我说我们一起创造一个奇迹给妈妈看看。

我把抄写内容平均分成三部分，让他先开始抄写第一部分，我给他计时间，看最快多久完成。当我喊出"开始"后，他马上开始快速写起来。第一部分大约用了 3 分 20 秒，然后开始第二部分。我说我们看看第二部分能不能比第一部分快些，果然第二部分他只用了 3 分钟多一点。这下他来了劲头，第三部分用时不到 3 分钟。最终抄完全部内容，用时不到 10 分钟。他自己也觉得很神奇，当然也很高兴自己竟然真的创造了奇迹。

这就是细分任务，建立过程小目标，创造自我比赛的竞争成就感的神奇之处。

把枯燥乏味的作业和学习过程，通过建立过程小目标去达成，是家长需要学会的有效方法，其中关键是要和孩子一起去设计可行而有效的目标任务，改变以往简单盲目的命令和要求，这样整个学习过程将会变得更加愉悦。

愉悦学习第三招：
有效沟通

亲子沟通问题是目前家庭教育中普遍存在的问题，家长往往会不自觉地站在教育者的位置上，居高临下地教训孩子，这种无效沟通，把本来应该形成的协作关系，弄成了对抗关系，造成了不必要的内耗。俗话说，会说话的人一句话能把别人说得笑起来，不会说话的人一句话能把别人说得跳起来。在帮助孩子学习时，家长要学会和孩子进行有效沟通，亲子之间形成共同协作的关系，避免对抗，这样学习过程才会是愉悦的。

掌握和运用好沟通四大利器是愉快学习的关键。

一、温柔和善的微笑

笑容满面的人，总让人感到心情愉悦，孩子也常说，妈妈笑的时候最好看。而温柔和善的微笑，体现着善意，会让人更放松，而不是要时刻警惕不知道又会有什么错被教训。经常有家长和我说，孩子在和我交流后，常说的话是：葛老师真好，和他说话很开心，因为他一直都是笑着的。有的家长会说，孩子总是犯错，难道不该严肃对待吗？我觉得严肃并非一定要板着脸。孩子犯错是正常的，这个时候他需要的是帮助，板着脸帮助他，他会是什么感受呢？比如在工作中，我们遇到问题寻求同事或上级主管的帮助，如果同事或上级主管板着脸，虽然也解决了问题，接受帮助的人会是什么感觉呢？道理是一样的。

二、关怀备至的眼神

人与人之间的沟通，应该是心灵的沟通，而并非是说话的表面内容。何况是亲子之间，更是母子连心、父子连心。眼睛是心灵的窗口，家长的眼神会告诉孩子，是不是真正喜欢他，是不是真正关心他，是否真正对他有信心。经常有妈妈向我诉说孩子的各种问题，有时把孩子说得一无是处。我提醒她，如果这样说，会打击孩子的自信心，挫伤他的自尊心的。妈妈说不会的，当着他的面还是会鼓励他的，不会这么说他。但其实，家长内心的真实想法，会体现在焦虑的眼神和言行中，孩子都能感觉到，微笑和讲话可以假装，但眼神是装不出来的。

三、温和平静的话语

这是家长最需要注意的问题。前文也多次讲到，情绪化的吼叫和发火，都是在发泄不满，而并非在解决问题，会造成糟糕的心情和压抑的氛围，甚至影响家庭亲子关系，更会影响孩子的心理健康。孩子就在面前，为何我们的声音会那么大呢？是因为我们的心离他远了，潜意识里以为他听不见，所以就加大了音量，心离他越远，声音越大。

有两种情况，声音虽然都不大，甚至很小，但交流效果都很好。第一种是非常亲密的交谈，比如恋人之间的窃窃私语，外人在边上都未必能听到，但两个人之间却听得很清楚，因为这时候双方的心在一起。第二种是内心非常强大的人，以一种一切都在掌控之中、稳操胜券的心态说话，虽然慢条斯理，不紧不慢，但是却显示出威严与强大的力量和气场。只有内心不够强大的人，当局面失控、内心慌乱时，才会气急败坏、破口大骂。所以，温和平静的话语，体现出的是强大的内心力量，这种力量，会驱动孩子去做该做的事情。

孩子在这方面是非常敏感的。有一个孩子先后由两个大学生辅导他做作业，他的表现差异明显，他和妈妈说，他很喜欢现在辅导他学习的姐姐，因为姐姐和他说话时都是笑着的，即使他做错了，姐姐的态度也很温和，一直都是在鼓励他，感觉很信任他。而之前辅导他学习的哥哥总是很严肃的样子，还经常凶巴巴地教训他、催促他，让他心里很烦躁，更不想做作业了。

可见催促和训斥会让孩子产生逆反心理，而尊重和温和的语调会让沟通的氛围更愉悦。

另外，很多时候，行为的效果远远胜于说教，无声胜有声。孩子坐姿不端正，过去帮他扳正；他把腿跷得很高，过去把他的腿放下来；他做作业时手上玩东西，过去把东西拿走，不说一句话。这些无声的行为，既纠正了错误，又表明了态度，同时又没说话，避免了与孩子之间可能出现的言语冲突。

四、清晰明确的诉求

在帮助孩子学习的过程中，家长沟通的目的是让孩子做出相应的行动，而不只是为了表达得痛快。所以家长的任何言语，需要导向明确的行为。但在实际中，家长往往会使用疑问问和反问句，同时夹带着不满和指责的语气，这样反而会引发孩子不安和抗拒的情绪。比如以下这些说法：

为什么会做这么慢？

这么久怎么才做这么一点儿？

你能不能快点儿做？

你就不能认真写字吗？

你就不能好好动动脑筋吗？

讲了这么多次为什么还记不住？

怎么这么笨？就不能上点儿心吗？

脑子里面到底在想什么？

怎么又错了？

……

这些质问性的话语，都人为地制造了孩子去行动的障碍，起到了反效果。

还有一种说法，虽然不是质问句，但依然很模糊，没有操作性，比如：

快点儿做，别磨蹭了，抓紧时间，8点之前必须做完！

认真点儿写字!

自己动脑筋好好想想!

专心点儿,要注意力集中!

上课要认真听讲,别开小差!

快点儿把作业本拿出来!

……

这些话听上去好像没什么问题,其实却没什么意义,因为不具备操作性,反而会引起孩子内心的反感。如果说"认真点儿写字",孩子会想:"我很认真的,没有不认真啊!"有时候模糊的说法只会变成唠叨,孩子也就听听而已,不会往心里去,更不会有相应的行为。如果把"快点儿把作业本拿出来"这句话换成"给你1分钟,把语文、数学、英语三科今天要完成的作业全部拿出来,放在桌子上",这样的说法更明确,孩子也知道该怎么做。

那些需要对方采取的具体行动,完成的任务,要用非常明确清晰的句子表达出来,比如孩子有道题不会做,不是要他好好想想,而是说:

"把题目读一遍。"他便会读一遍题目。

"把题目背给我听。"如果背不出来,要他多读几遍,直到能背出来。

"把图画出来,把已知条件标记出来。"

举个例子,假如题目是求一个三角形阴影部分的面积,可以问他:

"三角形面积怎么求？"

孩子会说出求三角形面积的公式是底×高÷2，然后可以引导他去找这些相应的条件。

如果家长听了题目，知道这道题不是用这个公式直接算的，可以用另一个问题引导：

"求这个图形的面积，除了用这个公式，还有别的办法吗？"

孩子可能会说，用一个大图形面积，减去一个小图形面积，也可以求出来。

下面可以再引导他去算大图形和小图形的面积。

整个过程中，家长的每一句话都是清晰明确的要求，没有哪句话会引起孩子的反感，也没有直接给出答案，都是在引导孩子自己思考。所以孩子做出这道题后，家长可以说，"哇，好厉害，你自己都做出来了，不用妈妈教的嘛。"他获得了成就感，自然心情是很愉悦的。

有家长问我："为什么孩子在家里我让他有感情地大声朗读，他总是应付，而在你们的特训营里，他那么听你们的话，读得那么用心？"其实这个问题很简单，一方面是大家一起朗读有竞赛的氛围，另一方面是我们会教他如何能够大声，如何去控制语速语调，如何去演绎出情感，有清晰明确的做法。老师不仅会示范，还会带着孩子训练，而不是简单地要求他，他的感觉就会完全不一样，自然会很乐意去做。

以上沟通的四大利器，需要家长不断有意识地按要求去实践，使其逐渐成为日常沟通过程中的潜意识行为。一旦掌握这四大利器，你将所向披靡，成为沟通大师，无论是亲人之间，朋友之间，同事之间，上下级之间，还是与陌生人交往，所有与你接触的人，都会在和你交流时，感觉如沐春风，非常舒服。如此，也会很乐意与你建立合作关系，给你提供更多的帮助。即使是你在拒绝别人，也会让别人内心欣然接受。

非暴力沟通技巧

沟通方式分为非暴力沟通和暴力沟通两种，以上总结的这四大利器，显然属于非暴力沟通方式。暴力沟通和非暴力沟通的主要区别就在于双方在沟通时，是破坏对方内心宁静，还是让对方内心宁静。

暴力沟通会破坏对方内心宁静，必然也会激起对方用暴力去维护和保护内心的和平，就是以暴制暴。

而非暴力沟通恰恰相反，是让对方内心宁静的沟通方式，所以又称之为"爱的语言"。用这种方式沟通，自然也会得到爱的回应。

这种神奇的沟通方式是怎样的？有专门的一本书，是美国著名的沟通专家马歇尔·卢森堡博士的《非暴力沟通》，家长可以去好好阅读学习。

这里举一个典型的非暴力沟通案例，大家可以从中领会非暴力沟通的核心要素。

风和日丽的一天，王女士下班后风尘仆仆地赶回家烧饭，一进家门看到家里乱七八糟，脏衣服脏袜子扔了一地，上初中的儿子在沙发上吃着零食看电视。

一般情况下，大多数妈妈肯定会非常生气，忍不住发火，至少也会抱怨唠叨几句，然后儿子肯定不服气，于是一番争吵便难以避免。

王女士并没有这么做，她先深呼吸了几下，定了定心神，然后语气温和地对儿子说：

"毛毛，看到桌子下面两只脏袜子和电视机旁的脏衣服，妈妈心里感到很难受。因为我一直很看重咱们家里的整洁，你是否愿意把这些脏袜子和脏衣服放进洗衣机里去？"

这四句话涵盖了非暴力沟通的四大核心要素，我们来分析一下。

第一句：看到桌子下面两只脏袜子和电视机旁的脏衣服。

这句话是讲述了一个观察到的事实，没有任何评论性的话。王女士并没有说"我看见你把脏袜子放在桌子下面"，也没有说"你为什么把脏衣服乱扔"，这些话夹带着评论，就会引起对方的异议和反驳，因为是不是孩子放的并不知道。但是有双脏袜子在桌子下面，电视机旁有脏衣服，这是事实，不存在异议。

第二句：妈妈心里感到很难受。

"感到难受"是描述她此时内心的感受，没有说她的想法和看法。王女士并没有说这是不对的，这样很不讲卫生，等等，而是描述了自己的内心感受，说自己感到很难受。妈妈难受了，孩子自然会不舒服。孩子势必会产生同理心，从而生出愧疚感。

第三句：因为我一直很看重咱们家里的整洁。

这句话非常关键。"看重家里的整洁"是在表明自己的价值观或者需要。是在告诉孩子，妈妈感到难受，是因为妈妈看重家里的整洁，如果妈妈不爱整洁，甚至很邋遢，即使家里这样，也不会感到难受的。或者说，妈妈需要家里很整洁。也就是说，妈妈是在告诉孩子自己难受的原因是什么，而不是在追究谁的责任。王女士并没有说"都跟你说了多少遍了，怎么还这样""你是想气死我，累死我就开心了"等等这些指责的话。

最后一句：你是否愿意把这些脏袜子和脏衣服放进洗衣机里去？

这句话表达了她清晰明确的诉求，而不是命令。"是否愿意"如同英语里面 could you please 的说法，是一种非常有涵养的表达方式，既表达了自己明确的诉求，即把脏衣服放到洗衣机里，而不是简单地说拿出去，同时又建立了一个彼此尊重的沟通氛围。

在妈妈这四句话说完之后，儿子会怎么做呢？我相信正常情况下，儿子是会乖乖地按妈妈的要求去做的。

总结一下，非暴力沟通的四大要素，或者说标准的非暴力沟通程序就是：

- 描述观察的事实，不做评论。
- 表达自己的感受，不说想法。
- 说明自己的需要，不是问责。
- 提出自己的请求，不是命令。

奖惩的基本原则

如前文所讲，教育的前提是双方建立共识的界定，各自遵守，其实就是立规矩。立规矩必然包括必要的奖惩措施，尤其是如果孩子故意不按约定的去做，或者不按要求做到，应该怎么处理。这里的"惩"是对应的措施，是共识的重要内容，没有它，共识是不完整的，无法有效地执行。

我们前面讲过训练孩子学习习惯的四项基本原则，其中第四个原则是关注行为过程，而非结果。这就是制订奖惩措施的最基本的原则，即奖惩的是行为，而不是结果。很多家长经常喜欢对孩子说，考多少分、考第几名就奖励什么，考不到就怎么惩罚，从长远来看，这种方式往往达不到想要的效果，甚至会产生反作用。

表面看我们要的是结果，但如果我们对阶段性的、暂时的结果进行奖励或惩罚，孩子心智尚不成熟，有时为了得到奖励，或者避免被惩罚，可能会采取一些错误的做法。比如考试作弊，这是我们不希望看到的，我们真正希望看到的是平时努力的行为过程。我们必须要让孩子明白，只要主观上认真努力了，一定会取得好成绩，即便暂时结果不理想，也是可以接受的，继续努力就好。这才是我们真正的初衷。我们鼓励什么，就会得到什么。

惩罚也是需要可控的。因为结果的不可控，所以在立规矩时，家长通常会采取一些惩罚措施以达到立竿见影的效果。但是这同时也在告诉孩子，暴力是解决冲突的快速有效的方式。我们在惩罚的同时需要明确惩罚的目的是什么，如果孩子当下的行为是不可取的，那么我们期待孩子会有怎样的改变。更准确地说，我们更希望孩子是基于怎样的本心做出这样的改变。

奖励和表扬总是令人愉悦的，不会有什么问题，我们重点来看惩罚措施。如果双方达成了共识，在执行过程中，孩子有时候就是故意不做，该采取什么有效措施来应对呢？

我建议的做法是：让孩子自己承担不做的后果，也就是说训练他对自己的行为负责。

比如，孩子不想做作业，家长提醒他，但他就是磨蹭不做，这个时候家长催促命令他去做，未必有效。对于"不做作业"这个行为，家长可以表示："没问题，这是你的事情，明天你自己向老师交代。你那么聪明，一定可以说服老师给你特殊优待。"不逼迫孩子，也许他开始的时候会很高兴，但他会慢慢地会感到恐慌，因为家长无所谓的淡定态度，反而会引发他自己要去考虑"别人做了我没做，老师那里怎么交代"这个问题，而"你一定可以说服老师"这更是孩子恐慌的根源。当"不完成作业去面对老师"和"完成作业避免麻烦"这两种场景不断在他脑海里进行比较之后，他就会开始做作业了。这就叫让子弹飞一会儿，给他时间和空间去自我调整。很多时候，家长太心急了，反而剥夺了孩子自我调整、心智成长的机会。

即使孩子最终还是没做，选择了自己承担，那也是他自己的选择，就让他自己去承担，也不是坏事，这也是他成长锻炼的机会。

家长经常说孩子没有责任心，从来就没有让他承担过责任，而是都被家长自己承担了，孩子又如何会有责任心呢？

这就是古语说的"玉不琢，不成器"。教育是为了让孩子成长、成才，这是一个长期的过程，至于被老师批评甚至惩罚，包括家长被老师告状，这些都是过程中的小事，或者叫付出的代价而已。

当然，国有国法，家有家规，如果从小能让孩子有规矩意识，自觉做到该做的事，这对孩子将来的发展是非常关键的，也是为人父母的责任。

简单总结一下，要想让孩子学习过程很愉悦，家长和孩子首先要在双方达成共识的基础上立规矩，不能不教而诛，更不能随心所欲，心情好就随意放任，心情不好就迁怒严苛。而是需要通过共识来约束，而且这个共识不是一蹴而就的，需要每天不断地强化。

然后还要进行学习时间和学习内容的规划，设立一些合适的目标，带领孩子去完成，在这个过程中，激发孩子的成就感，学习自然可以愉悦起来。

家长还要学会使用非暴力沟通的方式进行有效沟通，善加利用沟通四大利器：温柔和善的微笑，关怀备至的眼神，温和平静的话语和清晰明确的诉求。切记尽量不使用疑问句和反问句，避免不必要的冲突。

最后奖惩方面要明确原则，奖惩的是行为过程，而不是最终结果，更需要锻炼孩子自我承担的责任心。

孩子学习过程愉悦了,亲子关系也会更加和谐,良好的家庭氛围能促进孩子学习习惯的养成,使孩子学习更加自信,成绩自然会越来越好,孩子也会更懂得承担责任。这样便进入一种良性循环,孩子在未来发展的道路上会走得更远。

有了愉悦的学习过程这个前提,我们就可以开始着手,进行学习过程中的六大学习习惯的强化和训练了。

欲速，则不达；见小利，则大事不成。
——《论语·子路》

道而弗牵则和，强而弗抑则易，开而弗达则思。
——《礼记·学记》

第二部分

打造孩子六个学习好习惯

我们学习了打造学习习惯的方法论，即四步法则，又掌握了训练学习习惯的四个基本原则，在这一部分，我们来探讨如何具体培养孩子的学习好习惯。

两个重要共识

孩子在上学时都要面临应试教育，怎样在这样的教育体制及教育资源下获得良好的学习成长呢？

我从不认为目前孩子普遍存在的学习问题的根源在于应试教育，孩子本身的应试能力才是最大的问题。

我们需要达成的第一个重要共识是：**应试能力是孩子最重要的素质。**

我始终认为，如果孩子连应试能力都没有，还何谈素质呢？有应试能力即可以用最短的时间把学校的应试学习学懂，进而有更多的时间与精力开展自己的兴趣爱好，全面发展。每个人的精力和时间是有限的，中小学阶段，尤其是初高中阶段，更是一个孩子各方面学习成长的关键阶段。如果整个中小学阶段，全是语、数、外、理、化等学科知识的学习和练习，而缺失了广泛的阅读量，缺乏文艺、体育类活动的锻炼等各种素质能力的学习与培养，那么无论孩子的成绩多么优秀，考进哪所名校，这一阶段的学习成长都可以认为是失败的，后续的持续发展也将是极其有限的。

我们需要达成的第二个重要共识是：**对孩子真正的爱是严格要求**。

我始终认为，培养孩子成才，除了"严格要求"四个字，别无其他途径。家长也都希望老师对自己的孩子严格要求，但轮到自己时，或疏于随意，或误作严厉。情绪化的责骂不是严格要求，只是不满情绪的发泄而已。真正的严格要求是温和地坚持原则，用高质量的回应激发和带动孩子达成目标，做到他该做到的事，让孩子在行动中体会道理，体验成就感。温和地坚持原则，对孩子严格要求，才是对孩子真正的爱。大量事实表明，那些从小被溺爱纵容的孩子，长大后，对父母的态度都是非常不好的，甚至是恶劣的；而与对自己一直严格要求的父母，反而始终保持着亲密关系。

以上两个共识，是"正学力行教育法"的核心理念，将贯穿于以下所有六个习惯的训练过程中。

孩子良好的学习习惯需要日积月累的培养和完善，并非仅仅是完成作业。在这个训练过程中，如若按照要求耐心去体验，相信会让"学习"进入到一个良性循环的轨道。

第5章
微笑淡定，是有效控制孩子拖拉的前提

——每天被唠叨，谁不烦躁？

孩子做作业拖拉磨蹭，已经成为令广大中小学生家长痛苦万分的问题，家长的吼叫发火，绝大部分原因在此。而且，孩子做作业的效率低，不但会影响睡眠，更会影响第二天的课堂学习效率。

事实证明，家长的吼叫发火，并没有真正改变孩子拖拉的问题，反而造成了孩子习惯拖拉，习惯于家长的发火。

前文我们讲过，教育的前提是界定，双方达成共识，订立规矩，执行规矩。温和地坚持原则，就要求家长在任何情况下都要心平气和。

"心平气和"是成为合格家长的基本要求，是帮助孩子培养好习惯的首要前提。

帮助孩子养成良好的学习与生活习惯，为孩子营造出温馨美好的家庭氛围，这既是孩子成长、成才的前提，也是成为合格家长的关键。同时"心平气和"也会令家长摆脱焦虑担心的状态，更加淡定从容。

立规矩并非单方面简单要求

很多家长经常在立规矩这个环节上碰到问题——规矩没立好，执行效率低。那么规矩该如何立呢？事实上，规矩固然很重要，但更重要的是立规矩的方式和方法。我们先来看下面这个案例。

有一个四年级的小女孩，就读于某外国语小学，这是一所社会评价非常不错的学校。有一天她的妈妈约我谈事，地点就定在孩子上高尔夫课的地方。谈完之后，我随她去看孩子练球。发现她在练球时，一会儿喝水，一会儿上厕所，一会儿吃水果。她的教练则不断催她快点去打球，她嘴上说"马上来，马上来"，却仍在磨蹭。我大概算了一下，她30分钟打了七八个球，估计两个小时下来，一共也就能打三四十个球。

练习结束以后，她的妈妈在回去的路上跟我抱怨："这孩子就是不听话，做事情不认真、不用心，怎么办呢？"我答道："孩子没有任何问题，问题在教练身上。"妈妈非常诧异，因为这位教练带她女儿很久了。我说："这个教练是不合格的，作为教练，只知道被动地催她怎么能行呢？郎平带中国女排时，肯定不会经常催促队员快点打、多打几个球。若是如此，女排岂能取得傲人的成绩？如果我是她的教练，很简单，我会明确地跟她说清楚，我带她练球，是有规矩的，两个小时打两百个球，每个球必须打到一百码之外。少一个球，不要回家。"这就是规矩。她的妈妈一听觉得很有道理，就马上联系这个教练进行沟通。

第二天练习，教练照着我的办法做，孩子的整个状态立刻就不一样了。她打得又认真又用心，而且每个球都打得很不错。她的妈妈非常开心，还拍了视频发给我看。

每个孩子的可塑性都是非常强的，关键在于如何立规矩。后来，这个小女孩来到我们的训练营上课，我问她最近球打得怎么样，两个小时能打多少个球。她告诉我，现在她基本上能打300～350个，而且开始到正式场地练习了。这就是立规矩的好处。

立规矩，首先要界定和明确要完成的具体目标，"两个小时打两百个球"即为目标。其次，要有标准，两百个球并非是很难完成的目标，孩子容易敷衍，所以要将"每个球要打到一百码之外"作为标准。最后，如果达不到目标和标准，我们就要明确措施，告诉孩子"不完成不能离开"。**明确目标、建立标准、设定措施之后，要与孩子达成共识，即孩子要确认并认可商定的规矩，这样才能够顺利地执行。**

立规矩的过程也是沟通的过程。怎样做到沟通时气氛融洽呢？这就需要家长把控好在立规矩时的谈话语气、表情眼神、气场状态，包括孩子的承诺是否明确到位。如果家长只说："现在要这样做，你知道了吗？"孩子说："知道了。"那么这还不叫立规矩，这只是家长单方面的要求。孩子的心智尚未成熟，他们只有从内心明确地认可必须这样做，与家长达成共识，规矩才会真正成立，也才会得到有效执行。

很多家长对孩子不听话十分苦恼，不知道如何跟孩子谈话。

《孙子兵法》里说"胜兵先胜而后求战"。与孩子沟通没有把握，那就不要谈。既然谈了，就一定要谈下来，且必须按照这个要求做到。否则长此以往，家长在孩子面前说的话就无法算数了。

那应该怎么谈呢？我认为是"先成为，再确认"。如果家长要跟孩子谈什么事情，必须要先想好谈话的策略，明确要求和标准。这个谈话过程必须在家长的掌控之下，按照家长的计划进行。所以，开始前要先大致模拟与孩子沟通的过程，想清楚谈话中孩子可能出现的反馈与想法，可能会有什么借口和理由，自己应该怎样回应他。在有准备的情况下，实际的谈话过程只是在形式上跟孩子进行确认而已，实则"一切尽在掌握"。只有在这种心态和状态下的沟通，才是有效沟通，才能达到沟通的目的。

执行规矩需要强大的能力

接下来的问题是，立好规矩后孩子不按要求做怎么办？这是家长经常为之困扰的。规矩与目标若不能执行，一切都是空谈。

首先，我们必须清楚一点，任何公司，如果立好的规章制度能够立刻顺利地推行并得到所有人支持，那么管理企业就太轻松了。事实是，任何公司都有问题员工，同样，学校也有问题学生。规矩要得到有效执行，就需要管理者有强大的执行力，而这往往是家长最欠缺的部分。

所以家长首先要检视一下自己，当跟孩子讲话时，如果说出一句话，孩子马上顶嘴或争论，而学校老师说一句话，他马上就会去做，这就说明家长在孩子面前的威信、能量场没有形成。或者说，家长在孩子面前没有展现出能量和力量。指南针在地球磁场下自然指向南方，撤掉这个磁场，它会随意摆动。孩子就如同指南针，家长和孩子沟通时，如果没有让孩子处在家长的能量场中，他就会很随意。

家长没有展现出能量的另一个表现是，经常惊讶和困惑："这怎么可能？这个怎么办？那个怎么办？"学习的关键不是学到了什么，而是不断地理解、琢磨、领悟，然后转化为自己的技能和智慧。比如很多孩子，遇到有点难度的题，就产生畏难情绪，绕而避之、一筹莫展，与能力不够的家长如出一辙。学习是一个动脑的过程，只有不断动脑筋思考，不断解决问题，不断让成就感带来自信心，才能提升能力。

前文专门讲了家长必须具备的四种力，但管理不能只有理论，更重要的是实践，只有在实践中不断应用，不断解决问题，才能逐渐找到感觉，获得信心。

国有国法，家有家规。没有执行能力，所有的一切都是枉然。知难而进，水滴石穿。强大的执行力方能成就自己，成就孩子。

专注是快速做作业的基本前提

孩子做作业如何才能快起来呢？当然，这里的"快"是指有质量的快，而不是心不在焉、写得乱七八糟、一味求速度，这种快是没有价值的。关键在于孩子在做事的时候，注意力是否高度集中，心无旁骛，专心致志。

怎样做才是注意力集中呢？首先，孩子的心思、精神、注意力要集中在正在做作业这件事情上面。其次，孩子的行为也要随心而动，即"眼耳口手归于一心"。在这种状态下，孩子才有可能快起来，效率也最高。

比如，孩子在做数学题时，如果脑子里想着这道题，眼睛看着这道题，手在写这道题，嘴里还在默念这道题，他的效率肯定会高，做题的速度自然会快，效果也会非常好。

如果孩子在做作业时，整个人处于散漫的状态，脑子里不知道在想什么，东张西望，耳朵里听着爸爸妈妈看的电视和他们说的话，有可能还要插两句嘴，那么即使孩子的手在写作业，也很容易粗心写错，完成质量不高，掌握度也不好，速度当然也不会快。这就是注意力不集中带来的弊端，而很多孩子现在正处于这种状态中。

"知止而后有定，定而后能静，静而后能安，安而后能虑，虑而后能得。"眼耳口手心，以至六感，皆能安定，专注于一事，才能进入思考的状态，继而有所得。《大学》开篇之言，充分阐述了专注的重要性。

做作业前必需的两个重要步骤

第一步，强化共识。孩子毕竟是孩子，建立共识之后，可能第二天就忘了,这就需要不断强化。要不断跟孩子强化要做哪些事情,要解决哪些问题,要怎么做。

曾经有一位陪学教练带一个一年级的小朋友。第一天陪学,双方达成共识的时候,因为孩子特别喜欢那个姐姐,就说什么都同意,都没问题。而第二天,小家伙就开始做小动作了。教练马上停下来,把这个共识再次强化,他就马上表现良好了。后来教练干脆就把这个共识写在一张纸上,每次去陪学,第一件事情就是让他读一遍:"我一定要按照姐姐的要求去做,我要完成的事情有几件、分别是什么。"每读一遍,就如同自我催眠。这个自我强化的过程变成了一个仪式,效果就非常好,这就叫强化共识。

第二步,进行规划。既然要把注意力集中在做作业这件事情上,那么这两个小时到底怎么合理分配,就要具体规划出来,如语文用多长时间,数学用多长时间,英语用多长时间,阅读用多长时间,什么时间休息,休息多长时间。把两个小时的事情规划好,也是让孩子从心里认同两个小时能够完成这些事情,在他的大脑里建立一个总体预期,为后面确认这件事情达成的效果建立评判的标准。有了判断孩子做得快还是慢的标准,家长就知道如何去调整和改善。如果家长没有规划,做到哪儿算哪儿,孩子就会很随意,觉得无所谓,做成什么样子都行。

因此,强化共识与进行规划,是做作业前最重要的事情。

保证规划执行的五项有效措施

时间规划好之后,就要去严格执行。以下五项措施可以保证规划的严格执行。

第一项,任务拆分。人的注意力高度集中的时间,最长只有 20 分钟左右,很难让一个人长时间保持注意力高度集中。所以我们可以利用任务拆分法帮助孩子集中注意力,即通过把长任务拆成短任务,让孩子在完成一个个短任务时,保持注意力高度集中。比如把一张需要较长时间完成的卷子,拆分成几个部分的小任务分别完成。任务拆分法的重点是激励孩子对每项拆分的任务,都能调动 100% 的积极性和专注力去完成,化整为零方能"各个击破"。

第二项,进行"正计时"。家长经常喜欢给孩子限定时间,比如限定半小时完成抄写,其实这基本上是无效的。因为对于孩子来讲,特别是小学生,是没有时间概念的。当家长倒计时的时候,孩子就会一直想时间到了没有,所以动不动就问"还有多久",因为他的注意力已经被引到时间上来了,注意力被分散掉了。

而正计时则有助于孩子将注意力集中在"快做"上。比如有些任务用时比较长,家长可以将其拆成几个 20 分钟左右的小任务,然后正计时,看哪一部分完成得更快,进行比较。我们之前讲了,并不一定奖励孩子东西他才快乐,在做事情的过程中获得成就感，他就会很快乐。比如，孩子在完成一张卷子时，第一部分用了 21 分钟，第二部分用了 18 分钟，那么他完成第二部分时就会有成就感，这种成就感会带给他快乐。

第三项，优先完成简单的作业。既然要快，就要保持过程的流畅性，先把会做的、能做的做完，不要纠结于一些不会做的题目，以免停滞不前。可以设定一个标准，比如思考 1 分钟，想不出来的题，就暂时放下，继续做下面的，保持流畅。后面再来解决那些难题。

第四项，按照规划的时间节点严格执行。比如做数学作业，计划用半个小时，到了半个小时，还有好几道题没做完，也必须停下来，按照下一步的规划去做，而不是数学没做完，就先把数学做完再说。为了提高效率而轻易打破规划，规划就没有意义了。所以一定要按照规划时间来执行，一方面是在树立威信，要说到做到；另一方面是要让孩子意识到自己还不够快。

第五项，建设性地调整。这一点很重要，在遇到问题的时候，家长要帮助孩子进行积极正向的调整，我称之为建设性调整，而不要进入负面干扰的状态，即破坏性调整。人非机器，孩子在学习过程中，可能会出现状态不佳、困了、累了的情况，或者有烦躁情绪，甚至抵触情绪，这些都很正常。这个时候家长的应对方式很重要。是在帮他进行积极正向的调整，还是在对他进行负向的干扰？是在促进他集中注意力，还是在分散他的注意力？这对整个作业的完成效率有直接影响。

促进孩子快速做作业的
八种积极行为

1. 学科交叉。在规划的时候或者做作业的时候，将学科之间进行交叉，这是一个非常好的做法。因为大脑是需要休息调整的，最佳的休息未必是玩，用脑转换也是很好的休息调整方式。学科交叉就可以让大脑转换。比如，语文和数学、英语和数学、语文和英语之间进行交叉，不一定要先把语文作业做完，再去做数学作业。

2. 读写交叉。将读和写的作业进行交叉很重要。尤其是小学生，读和写的作业都比较多。有的时候抄写的量比较大，写得多了，手很酸，心情烦躁，效率自然下降。基本上每个孩子的右手指上都有笔磨出的茧，这是长时间写字的结果。把抄写、默写、朗读、背诵、计算这几种作业进行交叉安排，也是一种休息调整。

3. 舒展身体。在休息的时候做一些小活动。比如，做做深蹲，跳一跳，蹦一蹦，或者做一些活动量不大的小游戏。但休息时间不能太长，做一些小活动、小游戏，舒展一下身心，短暂的调整一下就够了。

4. 无视闲话。在做作业的过程当中，有些孩子话比较多，特别喜欢讲学校发生的事情。当孩子说这些话的时候，该如何应对呢？正确的做法是不回应，或者叫无视。因为我们想让孩子的注意力放在正在做的事情上，这个时候如果做出回应（家长所有的反应都是回应），就会分散他的注意力。比如，家长提醒孩子不允许说话，这其实是一种反向回应，如果禁止他，他会说"就说几句，说完就不说了"，但这时孩子的注意力已经分散了。所以无视是最好的做法，就当没听见，没人接话，孩子就会觉得很无趣，说着说着就不说了，还会觉得家长很威严。无视孩子说闲话，是一个积极的做法。

5. 关注过程，适时鼓励。关注孩子做作业的过程，不是要家长去干涉，而是关注。孩子在做作业时，家长到底要做什么？如果孩子存在一些学习问题，家长要采取一些帮助措施，但如果家长不了解孩子的具体情况，怎么帮呢？在孩子做作业时，家长要观察他写的步骤，了解他学习的状况和知识掌握理解的状况，及时发现一些问题。在孩子做得比较好的地方，家长要适当地说"做得不错，很好"，这是一种即时认可的鼓励，可以给他信心，说明你很关注他。关注孩子做作业的过程，是非常重要的。

6. 无声纠正。无声的纠正胜过有声的提醒。有些孩子坐姿不端正，有时候会趴下去，有时候可能玩玩橡皮，跷个二郎腿，等等。当孩子出现这些小动作的时候，一定不要进行口头的提醒纠正。很多孩子向我反映过，在做作业时，如果家长经常去说他，他就会很心烦。其实这也是人的正常心理反应，因为谁都不喜欢被人说，当家长说得多了，孩子就会出现厌烦心理，他的注意力就会被分散，尤其是反复唠叨会更严重。

那应该怎么做呢？如果孩子跷二郎腿或者坐姿歪了，就用手帮他扳正过来，什么话也不要说，这既表明了态度和做法，又没出声音，孩子也知道了要怎样做。这个无声做法其实是家长很有耐心的表现。对待孩子的小动作也同样如此，比如孩子手上拿着东西玩，过去把东西拿开，一句话也不要说，他明白了，这就够了。记得有一次我给某个学校全体高三年级学生做学习方法的讲座，发现一个学生在做作业，我就边讲边走到他旁边，伸手把他的作业本合上，继续讲，过一会儿他又开始做，我又走到他旁边把作业本合上。当我第三次过去合上他的作业本之后，他就再也不做了。千万不要盯着孩子的错，马上就开始批评，这会造成负面干扰。

7. 正向建设性调整状态。孩子状态不佳时，要采用建设性的调整措施，不要采用消极做法。比如孩子困了、累了，想趴一会儿时，如果任由他趴一会儿，或者睡一会儿，这就是消极做法，也许一晚上就这么睡过去了，即使强行叫醒，也很难恢复状态。建设性的调整是提升孩子的状态，带他洗把脸，或者做一点活动，比如做几个深蹲，做几个俯卧撑等。我喜欢带孩子比赛蹲马步，蹲几分钟马步，站起来后，血往上涌，状态马上就能好转。

8. 示范标准。示范标准很重要。很多家长可能经常提醒督促，说教比较多，示范却很少。如果孩子读得不够好，家长可以示范给他听，不要批评他，只要示范应该怎样读即可。如果孩子写字潦草，可以写一行给他看，让他照着来写。有些低年级孩子，可以跟他一起比赛，比如做口算时，可以比谁算得快。小孩子都有一种对比赛的好奇心和好胜心，当他把注意力集中在比赛上时，就会变快。

以上这些都是积极的行为。强调一下，保持积极的行为状态，让孩子把注意力集中于正在做的事情上面，非常关键。

干扰孩子快速做作业的十三种负面行为

下面这13种行为属于负面行为，基本上都是家长出于本能的反应，却无形中会干扰孩子的注意力。

1. 作业没有时间规划。只要求快点做完，或要求做完哪一科再休息，没有建立快速完成的节奏感，基本很难有效果。孩子在做作业的时候很随意，只要完成就行，没有快慢标准。

2. 要求孩子限时完成。很多孩子没有时间概念，限时也只是家长单方面的主观愿望而已，孩子的注意力并没有在快做上，反而是在关注时间上，这样很难会有预期效果。

3. 当孩子讲闲话时，去回应他。不管是正面的回应还是负面的回应，都不可取。正面的回应是去接孩子的话，这也会影响他的注意力。负面的回应是去禁止孩子，他会把精力放在跟家长的对抗上，这样做也是不可取的。

4. 孩子遇到不会的题时，立刻去辅导。这个做法不可取。首先会打乱节奏，事先的规划就失去了意义。有些题，如果孩子一时没听懂，就会出现烦躁情绪，便开始排斥，影响后面作业的完成。可以让孩子将所有不会的题目先放一放，先连续性地全部完成，然后集中来解决问题。做完进行检查，如果发现错误立即改掉，不要去纠结为什么错，错了就错了，孩子总会犯错的，改了就行了。因为我们的目的是让孩子快速完成作业，必须把时间节省出来，让孩子用最短的时间把作业完成，然后才有时间来强化一些薄弱的地方，思考一些需要思考的问题。

5. 催促和提醒，包括唠叨抱怨。这是很多家长最普遍存在的问题。做作业时保持一个好的心情和心境很重要。孩子在做作业时遇到难题，在背书或计算时总是出错，或者觉得作业多做得累，出现厌烦、懈怠的情绪，这是很正常的，他需要时间去调整心情。这个时候如果家长催促，或者唠叨质问，更会激起孩子的厌烦情绪，甚至会索性把负面情绪发泄出来，和家长进行对抗。

6. 习惯于哄孩子。有些家长喜欢哄孩子，尤其是对一些低年级的孩子，家长越哄，孩子越会觉得可以用这个作为武器。以后不想做的时候，就用这个方式寻求安抚。正确的做法是，如果出现状况，比如孩子说"烦死了，我不想做了"，家长要选择无视他。无视是最好的做法，会让孩子除了服从之外别无他法。

7. 和孩子争论是非对错。这种情况经常发生。孩子说一句话，家长马上指出孩子的问题，孩子不服气，就开始互相辩论。任何辩论都很难说服对方，只是无谓的浪费时间和精力。到最后孩子还会怪家长浪费了他的时间。是非对错不重要，孩子也并非一时半会儿就会明白，最关键的是让他把注意力放在做作业上。

8. 只有要求，没有标准示范。家长经常喜欢说："字写好点，动作快点。"对于孩子来说，这样的要求没有操作性。家长可以示范一个标准，让孩子照着做。还有些时候，孩子刚开始做时是按照标准的，但在做的过程当中可能会忘掉，字就开始潦草，家长也没有留意，等到孩子写完了，再让他擦掉重写，他肯定不愿意。所以家长要在过程当中关注孩子的状态，及时发现情况，立刻纠正。

9. 孩子做作业时家长玩手机。家长可能会觉得这有什么关系，孩子做他的作业，不影响他就是了。其实真的有关系，孩子的心理是很难琢磨的，他会想为什么家长可以玩手机，自己却要辛苦做作业，这是一种对孩子心理的干扰。或者孩子会好奇家长在看什么东西，这对他的注意力也会有影响。

10. 休息的时候放任。有些孩子在做作业时，习惯性地把手机、平板电脑放在边上，休息时赶紧拿起来玩一下，这是不可取的。因为当孩子玩的时候，注意力势必会分散，很难再拉回来。另外不要让孩子边上厕所边看课外书，否则上厕所的时间就会失去控制，注意力也会被带走。

11. 做作业时吃水果或零食。这是不可以的，在中间休息时最好也不要吃零食和水果，这些都会干扰孩子的注意力。孩子两个小时不吃东西不会有问题，没有必要去干扰和影响他。

12. 不教而诛。这种情况很常见。什么是不教而诛呢？比如家长可能在工作中受了委屈，或者遇到了烦心事，心情不是很好，孩子做作业正好出了状况，家长的火就上来了，开始发泄，事先说好的事，因为孩子犯了一个错就立马取消。这个就叫不教而诛。这样会让孩子觉得妈妈很随意，想怎么样就怎么样，这肯定会影响孩子做作业的心情。而且家长以后再说什么，孩子很难再相信。

13. 经常临时加习题。这个现象也很普遍。事情一多就不想去做，这是每个人的正常心理，尤其是临时、额外加出来的东西。很多孩子反映，反正学校作业做完了，妈妈还有别的作业要我做，做那么快干吗？孩子的思维跟成人的思维不一样，孩子在二十岁之后思维才能成熟。所以，家长必须接受孩子的这个状态，然后顺应这个状态。如果需要额外的练习，要提前一起说好，大家达成共识。让孩子把注意力集中在现在做的事情上，不要出现临时突发事情的干扰。

总之，要想孩子快速完成作业，必须创造适合的氛围，让孩子的注意力集中在"快"上，尽量避免以上不当行为。

如果我们按照积极行为清单去做，而尽量避免用负面行为对孩子进行干扰，相信孩子的注意力就能更加聚焦在该做的事情上面。也就是如果把孩子的状态从最初的"不想做""等会儿做"和"不会做"，调整为"立刻做"，他的注意力就会开始聚焦到"做"本身上，然后聚焦到"快速做"上了。当孩子把注意力放在"快"上时，状态就会完全不同，效率就能迅速提升。

赋予孩子能量和信心

很多时候，孩子动作慢是由于缺乏内在能量和信心，这个时候简单要求和催促都是无效的，因为孩子没有行动力。只有赋予孩子能量和信心，他才能真正做到。

一个四年级的孩子，妈妈总说他背英语课文是老大难问题。一篇学过的英语课文，妈妈带他背三个小时都背不出来，但我带他背时，只用半个小时就能背出一篇他没学过的英语课文，而且过程非常愉悦。这个孩子经常和他的妈妈说，什么时候葛老师来带他写作业就好了。我和孩子妈妈的区别在哪里呢？他的妈妈经常说："你怎么这么几句都背不出来？怎么总是错？"孩子本来就信心不足，缺乏能量去做，如果总是强调学习过程中的负面情绪，会更加打击他，更加让他觉得自己做不到。而我始终说的是："读一遍，再读一遍，背一遍……不错，我们可以再快一点，再来一遍。"同时，我坚信他肯定可以做好，我的眼神、语气和表情都给了他能量和信心，我的做法也能促进他做得更快、更好。

所以，在带孩子学习的过程中，关键是要对孩子充满信心，坚信他可以做到。因为孩子缺乏的是信心，绝对不是能力。

确保孩子快速做作业的五大要点

我们回顾一下，让孩子做作业快起来的要点。

第一，让孩子的关注点集中在他所做的事情上，做作业的时候必须眼耳口手归于一心。快速完成作业的前提是孩子对课堂知识有非常透彻的理解，不仅要知道内容，还要消化理解，只有真正理解了，做起来才会快。对于小学阶段来讲，学习内容都相对简单，只要真正理解了老师讲的内容，掌握课本里的例题，家庭作业做起来不会有特别多的障碍。所以课堂效率和知识理解掌握程度是根本。后面我们会专门来解决孩子的课堂效率和质量问题。

第二，一定要严格控制做作业的时间。孩子每天做功课的时间最好不要超过两个小时，尤其是小学生。因为孩子本来已经上了一天的课，如果回来再用很长时间做作业，就会让他觉得学习一直都学不完，那么他从内心是不会愿意认认真真对待的。

既然规定了每天两个小时做作业，就要每天都能够坚持，让孩子知道如果在这两个小时内做完功课，其他时间就是他自己的。这时候他就会充分利用这两个小时，留下更多的闲暇时间用来做其他事。千万不要以为每天做作业的时间越久就越有用。如果两个小时该做好的事情却用三个小时，孩子的状态肯定是大打折扣的，效率很低。"日日清"的基础就是高效地利用时间。

第三，"无声胜有声"。在整个写作业的过程中，家长要尽量少唠叨、少埋怨，所有的声音都会给孩子带来干扰。还要给孩子信心，信心源自信念，家长有信心，才能给孩子信心，家长有能量，才能赋予孩子能量。而家长对孩子是不是真的有信心，这个信号是会通过家长的语气、表情和眼神传递给孩子的，并非是家长嘴上说的。所以家长真正对孩子有信心吗？家长要常常自省。

第四，家长要学会接受存在的问题。只有接受，才能改善，最终才有改变，这是非常关键的一点。接受存在的问题是什么意思呢？现在很多家长总是要求孩子必须要完全掌握所有内容。比如默写，有的家长要求孩子第二天一定要默写全对，但是每个孩子的接受能力是不一样的，可能孩子在一年级时，默写就比较薄弱，而在其他方面比较擅长。这时候非要让他用大量时间去反复练习，即便第二天默写出来了，也只是强行记住，是暂时记忆，过后还会忘掉。那么这个问题非要让孩子用一晚上解决掉，又何苦呢？要知道虽然孩子现在只能解决到 80%，甚至 60%，但可能到了三四年级就自然掌握了，为什么一定要逼着他在短时间内达到某种程度呢？家长可能会说这是老师的要求。但是学校老师面对的是几十名学生，很难兼顾每个孩子的具体情况，而家长不是。

每个孩子是不一样的，他们在不同阶段的接受能力、天赋秉性、潜能也都不一样。对于孩子来讲，每天固定两个小时来学习，能掌握多少是多少，这是最好的办法。对于存在的问题，改过来就行了。就要求默写一遍，如果十个词，对了八个，错了两个，没问题，把两个错的词各抄两遍，抄完就行了。不用非要求孩子默写多少次，否则最后他厌烦了，就会失去执行默写的信心。

接受问题，不是说对问题放任不管，而是有计划地逐步改善。比如，孩子做数学作业，最后还有三道题不会做，但是已经没有时间了，快要到两个小时了，这三道题非要逐一讲解吗？我觉得没有必要，如果实在没有时间，就把这三道题做完，先把作业完成。如果还有一些时间，可以选择其中一个进行学习。如果时间多，可以多研究两道题，就在这两个小时之内。那么这个问题还要解决吗？当然要解决，并且需要很好地记录下来，可以放在哪一天作业比较少的时候，再来解决，或者用周末的时间，专门来解决这个问题。

第五，不强迫原则。还有一种情况，如果孩子情绪状态不佳，或者哪一天因为作业量比较大不肯做了，应该怎么办？这时家长就要采用不强迫原则。学习需要动脑筋，当孩子不愿意做的时候去强迫他，很可能适得其反，即使做了也只是敷衍了事。

不强迫原则就是要建立共识。如果孩子不想做作业也可以，达成共识，结果由孩子自己来承担，老师该怎么惩罚就怎么惩罚。

孩子都是要面子的，老师如果找了家长，可以跟孩子说："老师找过我了，我不会骂你，我们有共识在先的，你不愿意做，你去解决就好。"没有人替他兜底，他只能自己开始学着操心。曾经有一个来辅导的孩子说："我不想做数学了。"我们的教练就采取这种做法，对他说："没关系，不想做就不做了。既然数学不想做了，我们就一起来读读英语。"读了一会儿之后，他便问："数学作业明天要交怎么办呢？"他自己开始着急了，我们的教练就说："我估计你明天能搞定你的数学老师，不然你为什么不做呢？我相信你有办法的。"这样他反而更着急了。所以家长越急孩子越不急，家长不急了，孩子反倒自己开始着急了。

家长要给孩子空间和时间去调整，等他自己想要去解决、需要家长帮助的时候，家长再去帮他，这才是一个真正有效的做法。

想要真正"快速"，就必须创造一个能让孩子快起来的氛围，让他自己把注意力完全集中在该做的事情上面。提升速度一定需要一个过程，当孩子慢慢做到了，自己感受到了这种成就感，知道原来自己也可以这么快，才会有效，这样才是真正在帮助孩子形成快速的习惯。所以，激发孩子自主学习并且快速完成自己的事情才是最佳的成长路径。

最后，送给大家一段话，也是对家长在陪伴孩子学习成长过程中的一个非常重要的提醒：

保护好孩子的学习热情和兴趣，是家长的首要责任。你的孩子只是学校千百个孩子当中的一个，却是你的唯一；他是学校的匆匆过客，却是你永远的宝贝。

教育的目的是培养孩子成长、成才，而不只是为了考高分和上名校。持续每天长时间的功课压力，只会造成孩子厌学、畏学情绪的滋长，一旦爆发，家长后悔莫及，千万不要耽误了你的孩子。切记，孩子的教育是有有效期的，学习是孩子一辈子的事，不要让孩子赢了学校考试，而输了人生考试，甚至可能是双输。

学习是孩子的生活，而不应该是负担。让孩子有更多的时间去探索世界，接触自然，思考人生，去享受学习的快乐和成长的美好吧！

第6章
认真是优秀学生的
第一品质

——做事不认真，如何做好？

简单两招创造学习奇迹

有一位非常厉害的高中英语老师，在见到她之前，听很多人介绍说，这位老师每年带的高考班英语平均成绩都非常高，甚至有的班级会超过140分（满分150）。后来有幸听了几次她给学生上课。她是一位个子不高，50岁左右，让人颇感亲切的女老师，感觉并没什么特别之处，也没见她给学生讲授什么不一样的英语方法，更没听到一句非常严厉、声音很大的话，和想象中的那种严厉教训学生的老师根本对不上号。但是能感觉她非常注重学生的书写和发音这两个方面的训练。

在和她单独交流时，我提出了自己的疑惑，也说了自己的感觉。她笑了笑，对我说："你挺敏锐的，书写和发音，就是我的撒手锏。这么多年的英语教学，我就用这两招，效果非常好。其实道理很简单，可惜就是很少有老师能严格坚持做好。"

接下来，她向我介绍了她的具体做法。

她每次都是从高一开始带学生，一直带到高三毕业。在高一开学前的暑假最后一个月，学校会对高一新生组织一次夏令营，除了安排一些拓展活动之外，重点任务就是打造和规范学生的学习品质。

以她负责的英语为例，就是统一强化规范两件事，一是英语书写，二是英语发音。这两个方面，大多数学生都达不到标准，甚至有些学生的书写很乱，英语发音更是不标准。这和初中时老师更加注重考试成绩而忽视这两方面的要求有关。但这个时候去抱怨初中老师、指责学生毫无意义，必须采取有效措施来纠正。

她挑选出几个在书写和发音方面比较出色的学生，将其他学生分成几个小组，每组安排1~2个这两方面出色的学生作为组长，由组长进行示范，组织学生按标准进行训练。同时，她根据学生的不同基础，又将学生分成三类，第一类是少数几个已达标学生，就是各组组长，老师只是指导提高标准，这些学生自己练习；第二类是部分基础还不错、进行强化后比较容易达标的学生，由组长进行带训和把关；第三类就是基础比较差的学生，需要下比较大的功夫才能达标，这批学生由她自己亲自训练，亲自检查把关，甚至要重新教一遍音标。当然，训练的教材都是她自己编写的有针对性的教材。

因为标准明确，内容具体，把关严格，同时整个训练氛围非常好，每天进行训练成果展示时，学生们也能明显感受到自己的进步，非常有成就感。经过一个月的强化规范，所有学生都达到了基本要求。在夏令营结营的仪式上，当把学生一个月前的书写和现在的书写对照展示出来，尤其是把学生一个月前的发音和现在的发音对照播放的时候，大部分学生都很惊诧自己的变化，简直是天壤之别。

　　这样就够了吗？当然不是这么简单。在后面三年的学习中，这些小组继续存在，这些要求继续保持，每一篇课文，都需要按此发音标准进行熟练背诵，而且熟练程度也是有明确的"一分钟背多少单词"的速度标准和正确率标准。同样，一部分学生由组长进行检查把关，一部分学生由她亲自检查把关，直到达标为止，绝不让任何一个人掉队。而且，每一次英语作业的书写，都必须按照书写规范标准达到要求，否则必须重写，直到达标为止。为此，有不少学生不知哭过多少回，熬了多少夜，但在老师的严格把关面前，只能忍着眼泪一遍遍进行。

　　同时，为了激发学生的热情，老师还定期组织英语书法比赛、英语演讲比赛、朗诵比赛、配音和话剧表演以及英语辩论赛等，丰富学生的学习生活，更让学生感受到英语的魅力。

　　她一边介绍，一边随手拿起了一些学生的作业本给我看，真是如同印刷的一般，不仅排列整齐，书面整洁，每个字母之间，每个单词之间，每页的边距空白，每个字母的大小，都很一致，一行文字排列成一条直线，就像用尺子量过的一样，看着就让人赏心悦目。

　　她又从电脑里找出这些学生高一刚进校时的作业照片，这么一对照，我内心很震撼，不禁对她肃然起敬。我进行过学生的朗读训练，为了让孩子在朗读时抬起头，不要盯着书本，看着听众朗读，不知花了多少精力，想了多少办法。而这么多已经进入高中的学生，他们从小学到初三这么多年形成的书写和发音习惯，能在这么短的时间内重新进行统一规范，真是非常不容易。这位老师看似柔弱的身体里，蕴藏着多么巨大的能量，可以想象她这么多年耗费了多少的精力和时间。

我问她:"难道就没有做不到的,或者不能坚持按照要求做的学生吗?"她说:"当然会有,经常会有些学生在她面前哭,包括有些男同学。"但这时候她就会表现出很坚定的一面,对学生说:"这是对全班所有同学的要求,其他同学能做到,我相信你也一定可以做到,只不过你现在还没做到,需要比别人多花点时间而已,我相信你也不希望自己比别人差;同时,我对我的学生就是这样的要求,这是老师必须坚持的原则,也是老师觉得对学生应尽的责任,如果你觉得你确实无法接受,可以提出转到别的班级去,老师可以帮你去协调。"这时候基本上学生都会去做。有时候有些学生会让家长来找她求情,她对家长也是这番话,家长也是无话可说。

学习品质要抓关键点

为什么抓住这两个方面,学生的学习成绩就能保证呢?她向我解释说,一个学生的学习包括学习能力和学习品质两个方面,学生的学习能力基本都没什么问题,尤其是能考上像她们学校这样的省重点高中。而学生不同的学习成绩,通常可以体现出学生不同的学习品质。

老师都希望学生在学习上努力认真、刻苦钻研,但光喊口号是没用的,说教也不能解决问题,要求家长督促孩子更是无效。这个年龄段的孩子，正处于青春期，很多孩子甚至连一句完整的话都不和家长说，更不用说谈学习的事了。家长说多了只会徒增烦恼，还会造成亲子间的矛盾冲突，影响孩子的学习心情。这个时候，只能更多地依靠老师来进行要求。

既然要求，光有想法和愿望是不行的，必须要有具体的做法，要有明确的可操作的标准。在英语学习中，最能体现学习品质的是书写和发音，如果不能专心投入，刻苦练习，在这两个方面均无法达到标准。所以，这两个方面就是英语学习的关键点。俗话说，字如其人，一个人写出来的字，就是他的内在体现，同样，当他能写出非常漂亮的字时，他的自我感觉和自我认知也是不同的。所以，当学生们展示出漂亮的作业书写，说出一口地道的英语时，个个都充满了自信和自豪，这种内在的成就感，驱动他们更加努力地学习。可以说，通过书写和语音的强化训练，学生重新塑造了自己的形象，改变了对英语学习的认知，精神面貌焕然一新，学习成绩怎么会不好呢？

"我知道我的坚持是有价值的。"她最后说，每年过年都会有很多已经上大学的学生来看她，他们都会讲起自己在大学里的书写和发音让同学和老师惊艳的事，那种自豪感溢于言表，都非常感谢当年老师对他们的严格要求。这是她最感欣慰的时候。她说她非常认同一句话：**什么是教育？学生在毕业离开学校后，把所有学过的知识、做过的习题、考过的分数全部去掉，还剩下的东西，才是真正的教育，是学生终身受益的东西。**她觉得她做的就是这样的事。

严师才能出高徒

我们每天都在说要对孩子严格要求，也都希望孩子能认真刻苦，我们也都相信，只要孩子认真努力，一定可以获得好成绩。然而，除了不断地说教批评，无休止地唠叨指责，我们真正做了什么呢？

古语云：教不严，师之惰。孩子其实都是能做到的，关键是老师是否能够坚持严格要求。前面这位老师的故事，诠释了什么叫严格要求的好老师，值得所有老师和家长学习和借鉴。

所有优秀成绩的取得，离不开老师的严格要求和学生的勤奋努力。体育赛场上是这样，学生考场上也是这样。

郎平带领的国家女排荣获几连冠，刘国梁主教的国家乒乓球队所向披靡，孙海平训练刘翔成为世界飞人，中国男女跳水队成为世界"梦之队"，这些成绩的取得，都是鲜活的例子。他们的故事，就是我们学习的榜样。

在我们的寒暑假特训营中，因为我们的严格训练和具体指导，不同年级、不同性别、不同性格、不同基础的孩子，每个人最终均能按标准达到要求，让很多起先以为自己做不到的孩子获得了巨大的信心，也让很多家长出乎意料，进而重新认识了自己的孩子。

每个孩子，都比我们想象中更优秀，更出色！

我常说一句话，对孩子真正的爱是严格要求。绝大部分孩子的学习问题，不是愚笨导致的，而是因为懒散，需要老师和家长的推动，让孩子在学习品质上达标，也就是达到认真努力的标准，这最终也会体现在考试成绩上。

学习品质的两大抓手

从上面的例子中，我们可以看出，要培养孩子的学习品质，第一必须要有有效的措施和明确的标准，而不是空洞说教；第二要严格按标准把关，坚持原则。

对于中小学生的学习品质培养，最好的抓手是以下两个方面：

一是书写工整，答题格式规范。无论是学习语文、数学还是英语，很难想象一个优秀的学生会字迹潦草，书面混乱不堪。很多数学成绩不好的学生，在做题时总是跳步骤，东写一点，西写一点，这正体现了学生思路不清、心情烦躁的状态。只要定下心，学生都是可以做到书写工整的。我曾经训练一个学生写字，要求他抄 500 字的课文，每个字大小一样，行间距和字间距相同，每行在一条直线上，只要错一个字，就从第一个字开始重新抄，结果他一遍就做到了。

二是保证较高的正确率。我曾经做过学生六大不良学习习惯的调查，排在第一位的就是粗心大意。这也是令众多家长头疼的问题，虽屡次强调，却很难改善。按家长的说法就是，不会做也就算了，会做的却因为粗心丢掉了该拿的分数，真是可惜。

于是很多家长逼迫孩子养成做好检查的习惯，但并没什么效果，先不说考试时不一定会有时间检查，如果粗心已经成为一种行为习惯，那么在检查时也会粗心，很难检查出自己的问题。一次性把事情做正确，才是有效的做法。所谓一次性把事情做正确，就是要养成认真仔细的习惯，在做事的时候同步检查确认，确保无误，形成这样的习惯，事后就无须再花精力重新思考了。

　　以上两个方面的品质，是需要刻意训练的，具体做法就是把孩子的关注点引导到这两个方面来。孩子平时在做作业时，如果关注点是完成作业，那么他追求的自然是速度和答案，如果我们把要求改成工整和正确，他便会把注意力集中在这两件事上。经过一段时间的刻意训练，就会逐渐形成习惯。

　　帮助孩子培养认真仔细的学习品质，不仅仅能帮助他获得好的学习成绩，更会让他终身受益。而具体怎么做，上述几位老师的做法，给了我们很明确的指导。

第 7 章
课堂效率和质量是学习成绩的根本

——上课没效率,哪来成绩?

孩子的学习可分为课堂学习、思考消化、课后练习巩固三部分。课堂学习是孩子学习成绩的根本保障。为了让孩子更好地掌握知识,老师会精心备课,根据教学经验,针对他们有可能遇到的疑难点和重点进行讲授。如果孩子能够利用好课堂学习,学习将事半功倍。很难想象一个连上课都不认真听讲的孩子,会有好的成绩。这一点,相信家长都很认同,但很多孩子却并非很重视。于是我们经常会看到,妈妈天天叮嘱孩子上课好好听讲,而孩子只是随口应付。

课后的家庭作业练习,正是学校课堂学习的延续,其目的是让孩子把学习的知识理解消化,巩固掌握,内化为能力。很多孩子因为没有在课堂上有效学习,家庭作业变成了负担和任务,于是便不想做或只能疲于应付(当然有部分老师留的作业太多也是问题)。这就是家长陷入盯孩子做作业的痛苦的根源,也是越盯孩子越拖拉的原因所在。要从源头上解决问题,必须保证课堂学习的高质量和高效率。

什么是高效率、高质量的听课？

我们从小到大上过无数次课，离开学校后更是参加过各种培训学习，或者听过各种专题讲座，我们是否想过一个问题：怎么才算是高效率、高质量的听课？是一直目不转睛地盯着老师，还是把老师讲的内容都记下来？

严格意义上来说，这都不能算高效率、高质量的听课。因为我们忽略了一个很关键的问题：听课，到底是手段，还是目的？

我认为听课是一种学习手段，或者说是学习方式，而非学习的目的。既然听课是学习手段，听课的目的就很清楚了，即通过这堂课学会什么知识或者解决什么问题。

因此，真正高效率、高质量的听课，是把该学到的知识学会，把该解决的问题解决，这才算是达成了目标。

这就涉及预期目标的问题：到底该学会什么知识？该解决什么问题？而很多孩子的问题就在于，把上完课作为目标，既不知道要学会什么，也不知道要解决的问题是什么，很随意地听课，基本没什么预期，自然就谈不上效率和质量。

在这个方面，家长自己的表现又如何呢？

我曾在线上讲过"打造孩子六个学习习惯"的课程。在讲课过程中，我发现一个现象，每节 40 分钟左右的课程，每个家长平均大概要进进出出 4～5 次课堂才能听完，而且是付费听课的家长

（因为是在线课，家长会因各种琐事离开）。试问，这样断断续续，每次听讲的时间不到 10 分钟，如何能够真正把握课程的核心内容呢？他们是否是带着预期问题来听课的呢？我想绝大部分家长可能就是随便听听而已，更不会去深层思考课程背后的原理应该如何应用，很多人还是经常会在课后问"这个怎么办""那个怎么办"，总体感觉和没有听过课一样。

从这个意义上，我们就不难理解，为什么有些孩子貌似很认真地听课，也没做别的什么事，但依然一问三不知，成绩没有提高。这些孩子上课通常没有预期和目标，经常走神，注意力容易分散，甚至于上课神游。

所以，家长要想帮助孩子提高课堂效率和质量，不仅仅是叮嘱他"认真听讲"这么简单，而是要帮助他建立具体的上课预期目标，并在课后对该目标进行检查，确认达成目标方才有效，从而帮助孩子养成认真听讲的学习习惯。

家长具体应该怎么做呢？我们把整个上课过程分为课前、课中、课后三个阶段，分别进行探讨。

上课前建立预期目标

在每次上课之前，孩子应该清楚了解上这节课的目的，如：这节课老师会讲些什么，哪些是这节课的难点，需要解决什么样问题，等等。建立上课预期目标，就要在课前进行有效预习。这样做的目的有两个。

第一，提前熟悉上课内容，减轻上课负担。孩子都很聪明，通过自学，新课的大部分内容都能看懂，这样就做到了心中有数，不用担心有听不懂或漏听的地方，也就避免了因为一时走神而听不下去的情况，极大地减轻了上课的负担。同时，也可以把注意力更多地放在老师补充的讲课内容上，或者将自己预习时的理解与老师的讲解进行对比，这样能够更加强化对知识的理解，课堂学习效率会大大提高。

第二，预先确定疑点、难点内容，并将其作为上课明确要解决的目标。通过预习，有一部分内容孩子能明白，有一部分内容会带有疑问，那么就要将这些疑问列出来，带着问题去上课。这就给上课建立了预期目标——通过听老师讲课解决这些疑问。上课有了明确的目标，而不再是漫无目的，注意力自然会集中在这些具体目标上，也就避免了上课走神的情况。

如果孩子的自学能力较差，就需要家长帮助其进行预习。家长可以让孩子自己用 5~10 分钟的时间把第二天要学的内容看一遍，然后让他讲一下大概要学哪些内容，讲完一遍后，他就会知道需要掌握哪些知识了。然后通过提问去引导他，发现他对哪些内容有疑问，就让他用本子把这些问题记录下来，这样课后反馈的时候就会有依据。

家长经常说孩子注意力不集中，上课会开小差。这种现象最主要的原因是孩子的注意力没有着落点，不知道应该把注意力放在哪里。家长在引导孩子预习时让他记录的问题，就是孩子上课的着落点。要让孩子在课堂上认真听这几个问题，寻求问题的答案。

告诉孩子每解决一个问题,就可以在问题的后面打钩,当问题逐渐减少,孩子会有成就感。

对于大部分孩子来说,培养课前预习习惯,建立上课预期目标,保证课堂效率和质量,是解决学习问题的关键。

上课过程中紧盯预期目标

老师精心备课是为了更好地帮助孩子学习知识,那么,真正聪明的孩子就应该懂得充分利用好课堂。

这里说的课堂是指在学校里的所有时间,包括下课休息时间。孩子每天在校时间约八个小时,占一天时间的三分之一,所以对于孩子的学习非常关键。

如果一个孩子的课堂效率和质量不高,对老师讲解的很多内容不能掌握,需要在课后花费大量时间翻看课本或询问他人,接踵而来的必是极低的做作业效率。有的家长看到孩子考试成绩不理想,便开始焦虑,花费不菲的费用让孩子去上补习班,然而这样的应对方式只会让孩子觉得我上课可以想做什么就做什么,反正还有补习班的老师去讲解呢,从而造成了恶性循环。

提高学习成绩的关键在于提高课堂效率和质量。有效的方法是让孩子在上课过程中,紧盯本节课的预期目标,确保预期目标的达成。

孩子在上课时应该保持什么样的状态呢?我们想想,平时我们与别人交流沟通时是什么样子的。

第一，眼睛要注视对方；

第二，从态度上表现出很感兴趣，不时地点头表示赞同；

第三，身体坐端正，表示对对方的尊重；

第四，为了表示确实在听而不时发问；

第五，不中途打断别人的讲话，不随便改变对方的话题。

上课是学生与老师之间的一种沟通，良好的沟通交流能让师生之间形成共振，达到最好的课堂效果。若老师在讲课的过程中，没有学生看着老师，也没有学生给老师回应，老师的讲课状态就会变差。

对于听课的学生来说，也需要获得更多的关注，老师的正向关注会提高学生的注意力和自信心。全班那么多学生，怎么才能引起老师的正向关注呢？如果老师看到学生在课堂上一直低着头，或东张西望，或沉默不语，情绪必然是负面的。所以，学生一定要在上课时身体坐端正，尽可能地集中精神紧跟老师讲课的节奏，及时对老师的询问做出反应，或点头，或微笑，或回答问题，积极地和老师互动。

同时，通过举手回答问题，学生能够提高听课效率，跟上老师讲课的节奏。有个小建议，老师提问时要积极思考，尽量举手争取回答的机会。这样学生的能力会不断提升，也会加深老师对学生的积极印象。不要因为担心回答错误而放弃积极参与的机会。如果举手了老师未提问到，也不要因此失落，打消积极性，只要经常举手，说不定下次就能提问到自己了。

要注意的是，学生在课堂上要尽量多听讲，少提问。如果在听讲时遇到疑问或重点、难点，可以简单地记下来，等课间或老师答疑时间再去请教，切记疑难问题必须当天解决，绝不可以拖到第二天甚至更久。

听完课之后，可能有的学生当时感觉理解了，但一段时间之后还是会模糊不清。提供一个小技巧，下课后，可以立即花几分钟时间，回顾总结一下刚才这节课讲了哪些内容，是否有疑难点，避免很快遗忘。养成这个习惯，有助于强化记忆效果。

是否能当堂完成课堂练习是检验课堂是否高效的标准，如果做不到，说明课堂的问题还需改善和加强，而这无疑会占用课后时间，加重放学后的作业负担，影响家庭作业的效率和质量。

简单总结一下，要想在课堂上保证高效率、高质量，就要时刻紧盯预期目标，确保目标的达成。要尽可能地做到以下五点：

第一，身体坐直，注视老师，紧跟老师讲课的节奏；

第二，及时给予老师回应，和老师积极互动，积极举手发言；

第三，课堂多听讲，少提问，疑难问题课后必须解决；

第四，下课后花几分钟时间总结回顾本节课的要点；

第五，课堂练习当堂完成。

为了帮助孩子更好地做到，家长可以带领孩子一起玩课堂场景模拟演练，家长当老师，提出一些问题，让孩子站起来回答，然后角色互换，再来模拟演练。让孩子清楚学生在课堂上不同的状态，老师内心的变化，在切身体会之后，孩子会在真实的课堂中保持一种比较好的精神状态。

课后回顾确认预期
目标的达成

孩子上课时认真听讲，只是解决了 50% 的问题，还有 50% 是什么呢？那就是课后巩固问题。课堂的结束，并不意味着达到了预期目标。

我们都知道，记忆是有曲线的，也就是说如果记住了一个东西，无论记忆力有多好，如果不去强化，大概在 48 小时之后，80% 的东西都会忘记，所以需要在 48 小时内进行多频次的记忆强化。

我们常忽视的是，记忆到底是什么？记忆是两个字，一个是记，一个是忆。记进去再忆出来，是两个动作。记是输入，忆是输出，有输入，有输出，才形成一个完整的回路。

比如，让孩子用自己的话将课堂学习的内容讲解出来，目的就是输出孩子学习到的内容，这样孩子的记忆和理解会更加深刻，对学习到的知识能更加牢固地掌握，同时还可以锻炼孩子的表达能力。不要只是简单地问孩子"今天上课都听懂了吗"，这种问题是无效的。

要想有效确认课堂知识的理解掌握程度，检查预习时建立的课堂预期目标是否真正达成，并且强化理解，最佳的方式是回忆。

但在学习中，孩子记的内容很多，忆的训练太少，或者忆的要求和标准太低，造成了学习上的很多问题。

如果能在一堂课之后，进行四个节点的强化回忆，将极大地提升记忆效果。

第一，下课后立即花几分钟时间回忆当堂要点；

第二，作业前花几分钟时间再次回忆当天课程；

第三，入睡前躺在床上回忆当天课程要点；

第四，第二天起床时再次回忆一遍。

一天的学习内容，经过这四次回忆，想忘记都难。

具体做法是：孩子放学回到家里，在做某学科作业前，或者针对薄弱学科复习时，家长要要求孩子回顾讲解课堂的要点，并且要条理清楚、重点明确，而不是随便讲几句。孩子在讲解的过程中，就会主动去梳理、总结和表达，这三个方面的能力也就得到了锻炼。

在孩子回顾讲解时，家长要重点关注在预习时列出的疑难问题是否得到解决，若没能回顾到，要及时去询问，去引导。特别要提醒的是，无论孩子讲得好与不好，都不要评论，更不能批评指责，不要说："你怎么讲成这个样子？上课是怎么听的？"家长只需要询问："你是怎么理解的？老师是这么说的吗？"或者家长可以进一步深入提问，引导孩子讲解。打击和批评指责，只会影响孩子的积极性。

训练孩子的学习习惯，是一个长期的过程。刚开始孩子的回顾讲解可能达不到标准要求，缺乏条理性或重点不够明确，这就需要家长耐心引导，可以花一两周的时间去慢慢地指导，随着回顾次数的增加，孩子会越讲越顺畅，也会越来越自信。在这个过程中，孩子会逐渐形成课后回顾的学习习惯。

在能够清晰地回顾当天课堂内容的情况下，课后作业也会很快完成，孩子感受到了这种成就感，学习状态自然会越来越好，考试成绩也会不断提高，更会获得老师的表扬和鼓励，如此形成正向循环。

强化学科知识的四多学习法

当然，回顾课堂学习的知识，光把内容记住，简单复述是不够的，只有真正理解掌握才能灵活运用。如何才能更好地理解和掌握呢？我们在后面会进行详细探讨，在这里先简单讲一下要点。

对理科科目（数学、物理、化学等）和文科科目（语文、英语等）的学习，我做了一个总结，简称"四多学习法"。

理科科目的学习要强化两多，**多琢磨和多讲解**。琢磨也就是所谓的理解，琢磨如何将公式和知识点灵活地运用到具体解题的过程中；多讲解，并非是要老师和家长多给孩子讲解，而是让孩子多讲解给我们听，就是忆出来，要输出。比如，家长可以故作不知，对孩子说："昨天我看了你作业中的那几道题，我都没有看出来有什么错，今天老师怎么批错了呢？你讲给我听听，我想弄懂是哪里的问题。"他订正好之后一遍能讲清楚，说明是真的理解了，而并不需要让他再做一遍。无论做多少遍，他也只是模仿，不一定是理解掌握了。

文科科目的学习也有两多，**多阅读和多写作**。我们都知道，书读百遍，其义自见，而多写则会使知识更加精确。多阅读，一个是阅读量要够（详细内容见"如何让阅读更走心"这一章），同时更强调的是精选一些章节，每天用10～20分钟大声朗读，朗读也是一种输出。家长可以在孩子阅读之后，就阅读的内容和他探讨，让孩子表述自己的看法和读后的感受，在阅读的基础上拥有自己的思考，以此来增加孩子对阅读的兴趣。

总结一下，如何提升课堂效率和质量，有四个做法：第一是课前有效地预习，确保上课能够听懂，然后带着预期和问题去上课；第二是在上课时，要注视着老师，锚定预期和问题进行听课，以确保注意力集中；第三是课后要加强回忆课堂知识，消化和掌握学到的东西；第四是平时对语文和英语要多读、多写，对于数学、物理和化学要多琢磨、多讲解。

第 8 章
专注力是第一学习力
——学习不专注，全都无效

确保课堂效率，关键是听课专心。现在很多孩子普遍存在着注意力不能集中的问题，我在很多课堂上，发现这个问题非常严重。

前文讲过学习有五力，专注力是五力当中的第一能力，也是做好任何事情的首要前提。如果不能把注意力集中在做的事情上面，就不可能把事情做好。

孩子专注力问题普遍比较严重

我认为，对于小学生和初中低年级孩子来说，只要上课专心听讲，把老师课堂讲的知识和题目真正理解掌握了，即使放学回家任何作业都不做，他的成绩也不会差。而那些成绩比较差的孩子，往往每天应付作业到很晚，问他什么也说不清楚，很多时候甚至连回家有哪些作业都搞不清楚，以至于家长天天在班级群里问其他家长，这些孩子肯定是课上没有好好听讲。

除了上课，孩子专注力的问题还体现在日常的沟通交流中。家长平时跟孩子进行交流，孩子真的在听家长说的是什么吗？如果孩子连家长在说什么都不知道，还能指望家长的话对孩子产生作用吗？

目前孩子的专注力问题严重到什么程度呢？我专门在自己的特训课上做过测试，结果超过半数的孩子都达不到基本要求。

我用正常语速读了一篇短文，要求孩子们认真听，并记录听到的"一"字的个数。结果令我很惊诧，二十几个孩子，竟然没有一个孩子听到了全部的10个"一"字，只有两三个学生听到8~9个，超过半数的学生甚至连6个都没听到。为了排除我普通话不标准等因素的影响，我让另一位老师又重读了一遍这篇短文，但即便是第二遍，结果并没有很大改变。

可想而知，孩子在课堂上的听课质量会是怎样。

专注力问题的两种类型

孩子专注力有问题，家长应该怎么做呢？首先我们必须要清楚，专注是一种能力，它是需要长期刻意训练的。

专注力问题大概分为两类，第一类是心理问题，第二类是生理问题。

心理问题是指，孩子具备专注能力，但是容易受到外界环境和他人的影响，也就是我们常说的容易分心，而不是生理上的多动症。

一种情况是，孩子在做作业时，爸爸妈妈说一句话，他就会听到，因此而受到影响。还有一种情况是，当孩子被逼着做他不想做的事情时，就应付着做，完全没有把心思放在这件事情上，这也并不是专注能力的问题。这两种情况都比较普遍，属于心理上的问题。

生理问题是指，孩子本身患有多动症，注意力不受自己控制。多动症也有两种情况，一种是身体多动，还有一种是大脑多动。身体多动就是家长常说的坐不住，手上小动作很多，东摸摸、西弄弄；大脑多动，是注意力不受控制，无法集中。这些都属于生理问题，确实是能力上的欠缺。

如果多动的情况非常严重，是需要去医院检查治疗的，日常的专注力训练可能很难达到效果。如果不是非常严重的多动症，通过一些专门的训练，是可以获得明显改善的，但必须长期坚持训练。

当然，第一类因为心理问题而注意力不集中的情况，通过刻意的训练，是完全可以逐步改善的。我们在前面讲的，创造一种良好的学习氛围，带着问题去上课，就是把孩子的注意力集中到听课内容上的有效做法。

让孩子集中注意力的一般做法

如果孩子的注意力经常分散，又不是严重的多动症，家长刻意做一些工作，是可以明显改善的。

我的儿子在小学二年级时就出现了这种问题，上课经常无法集中注意力，总是东张西望，需要老师经常提醒。听老师说他在一年级时还出现上课期间自己走出去玩的情况。我认为他的专注力是没有问题的，出现这种问题只是因为他还小，心智比较幼稚，容易贪玩。

当时他的学习问题已经比较严重了，尤其是数学，连续三周的测验都是四十几分。作为南京大学数学系毕业的爸爸，儿子这样的数学成绩，令我哭笑不得。我觉得需要给他一些及时的提醒。但如果完全指望老师去提醒他是不现实的，毕竟老师要管那么多孩子。

我知道这是他上课注意力的问题，既没有骂他，也没有打他，而是做了两件事。

第一件事：每天吃完晚饭，大约18:00，我会带着他出去散步半小时，就是在小区里走走。这个过程中我们主要聊一些轻松的话题，讲一些他喜欢的故事和笑话。儿子喜欢三国故事，这方面我很擅长，我们会一起品评三国人物。有时候也会谈到游戏，我就会向他请教一些游戏的玩法。父子相谈甚欢，然后我们回家做作业。儿子和我都非常享受这个散步过程，从那时起直到现在，只要我在家，饭后出去散步已经是我们父子俩的固定节目，基本风雨无阻。

第二件事：为了让他上课时获得一些提醒，每天晚上等他睡觉之后，我会专门花时间写一些纸条，在纸条上写一些鼓励的话，或者俏皮话打油诗，画一些像小漫画一样的东西，偷偷地放在他的文具盒里，夹在课本和练习簿里以及他上课可能打开的地方。用这个方式提醒他要集中注意力，但内容不是很生硬的命令，而是像日常聊天一般，善意且幽默。

儿子刚开始觉得很意外，后来就变成了很期待。他对此很珍惜，把每一张纸条都保留着。我相信他从这一张张纸条上，能感受到爸爸对他的爱。因为每天要写不同的话，我绞尽脑汁，每天晚上至少要花一个小时，甚至更长时间去琢磨。我不太会画画，就到网上找图片照着画，一个东西经常要画好几遍才能像点样子，我就这样坚持了整整一个学期。就像每天在和课堂上的儿子进行对话一样，让他感觉到他虽然在课堂上，但是爸爸在看着他。功夫不负有心人，儿子果然没令我失望，期末考试中语文、数学、英语都考了九十多分，每一科都排在班级前三名，有的甚至是第一名。

后来正好有位妈妈向我咨询，她的孩子和我儿子的情况类似，我给她推荐了以上的做法，那位妈妈觉得这个办法不错，就回去尝试。结果却大相径庭，她说儿子看到纸条后很排斥，竟然给撕了扔进了垃圾桶，回来后叫她不要写了，她很崩溃。为何会这样呢？

经过了解，有两个原因：一是这位妈妈写的纸条内容，基本就是提醒儿子要注意听讲，形式比较单调严肃；二是她平时和儿子之间基本处于对抗状态，当儿子看到这些纸条时，内心认为是妈妈在监督他上课，在对他提要求，自然产生了抵触情绪。

在我自己的做法中，我做的第一件事其实更关键，即通过对儿子的陪伴、与他的交流，双方建立了非常好的感情和关系，儿子内心认可爸爸，当他看到纸条时，就感觉是爸爸的关爱，而非要求。**改善关系先于改变做法，这是前提，如果孩子不认可家长，家长的所有言行，他都很难接受。**人的因素才是最关键的，方法是其次的。

我们常说，方法一定比问题多。关键是有多少家长会去做，会坚持用心去做。家长与孩子之间的沟通是心与心的沟通，而不是在嘴上简单说说"我都是为了你好"。

三个简单的专注力测试

家长可以通过以下三个简单的测试，具体了解孩子专注力问题的状况。

✓ 测试一

孩子是否存在以下描述的情况？

（1）写作业时一会儿这样，一会儿那样，总是静不下心来。

（2）简单的题目都会错，也要花费很长时间才能做完。

（3）很少举手回答问题，即使被老师点名，也常回答不出来。

（4）被老师批评后，孩子表现得很委屈，上课想，写作业想，学习不能专注。

（5）看了好看的动画片，或者新鲜事，第二天上课时还会回想，与同学讨论，注意力无法集中到学习上。

（6）做作业总是很粗心，平时也经常丢三落四。

（7）上课不能很快进入学习状态，听课有时心不在焉。

（8）在家里写作业时，只要听到声响，就会东张西望。

（9）学习静不下来，不能坚持认真学习二十分钟以上。

（10）即使很小的事情也常担心自己做不来。

(11) 做学习以外的事情也拖拖拉拉。

(12) 家长说的话，孩子常常左耳听，右耳出。

(13) 一有心事，总是整天考虑，做事提不起精神来。

(14) 做作业时，孩子会觉得时间长，总是想休息。

(15) 做事前不做计划。

(16) 参加不喜欢的活动时，心里会特别难受。

测试说明

对以上问题，若有一半以上符合孩子的情况，则表明孩子存在较大的专注力问题。存在的情况越多，则专注力问题越严重。

✔ **测试二**

图 8-1 由 1cm×1cm 的 25 个方格组成（舒尔特方格），格子内任意排列 1~25 共 25 个数字。测试时，要求被测者用手指按 1~25 的顺序依次指出其位置，同时诵读出声，施测者一旁记录所用时间。

11	18	24	12	5
23	4	8	22	16
17	6	13	3	9
10	15	25	2	1
21	5	19	14	20

图 8-1 舒尔特方格

> **测试说明**
>
> 数完 25 个数字所用时间越短，注意力水平越高。
>
> 5~6 岁年龄组：30 秒以内为优秀，30~46 秒为良好，40~48 秒属于中等水平，55 秒则问题较大。
>
> 7~11 岁年龄组：26 秒以内为优秀，26~32 秒为良好，32~40 秒属于中等水平，45 秒则问题较大。
>
> 18 岁及以上成年人：最好可达到 12 秒以内的水平，13~16 秒为良好，17~19 秒为中等水平。

✓ 测试三

下面的数字每一项中都有一些两两相邻、其和等于 10 的成对的数，集中注意力找出这些数，并在每对的下面划上线。

例如：2 9 <u>4 6</u> 1 <u>1 9</u> 3 <u>5 5</u>

A. 24682468369118194455566667777738

B. 19873826455910884234568345679496

C. 98798787682676570198684743289610

D. 32132112312354378239237236324376

E. 76554744466688831345178913141561

F. 64328976375209382457864018258640

G. 20563770895745505533554465505744

H. 83659172375943767766554433221199

I. 91827364558183729108207456789234

J. 27348556472378026775675675645766

K. 63860918764382928765465435432321

L. 97543354682254668574635296645324

M. 40439347368247463647586972837283

N. 9016198463287642848765907 1151682

O. 8365428966103682675469845 7342891

P. 4865487698347389647467647 6473468

Q. 8957386901028537823281817 1615648

R. 6428649762801836528366778 8991122

S. 4829516383784675226633774 4885599

T. 6248274638961984832845591 8264379

U. 2914875639467883123456789 8765437

V. 9876543219876543142152162 1728192

W. 1234567891234567152163174 6135124

X. 3346738291456734912912319 8765190

Y. 5398277467537098802838208 2465934

Z. 5396477817555098802438108 3465934

> **测试说明**
>
> 　　本测试题共有 143 对和为 10 的邻数。每漏答、错答一对数字记一分。各题得分相加，统计总分。
>
> 　　0～26 分：孩子的专注力非常强，在学习中效率较高。
>
> 　　27～37 分：孩子的专注力较强。如果能有意识地经常进行一些这方面的训练，会达到优秀水平。
>
> 　　38～48 分：孩子刚刚踏在及格线上，面临两种选择。一是向前走，努力改善自己的专注力；一是向后退，毫不为目前的状况担忧，这样下去，孩子的专注力将会变得越来越差，成为制约孩子学习和工作的严重障碍。
>
> 　　49～143 分：孩子是个专注力不集中的人，作业和学习比较拖拉，对周围事物视而不见，常常开小差。

改善孩子专注力问题的训练方法

对于非生理性的专注力问题，以及不太严重的多动症问题，基本上都可以通过一些刻意训练来加以改善，当然关键在于耐心地坚持训练，不能指望一蹴而就。

训练分两个阶段，第一个阶段叫注意力训练，分为听觉注意力和视觉注意力两个部分；第二个阶段叫专注力训练，分为想象专注力、思考专注力、记忆专注力和行动专注力四个部分。注意力是指能够及时精确感知和有效接收相关信息的能力；专注力是指获得这些信息后，能专注地对这些信息进行有效加工处理的能力。注意力是专注力的前提。

下面介绍几个常用的训练方法，家长也可以带着孩子在家进行训练。

一、注意力训练方法

✔ 方法1

（1）数字传真

训练方法：家长将下列每组数字读一遍，孩子在听完之后凭记忆写下听到的数字。

53982，77467，53709，84026，38208

24659，34987，62513，92576，68715

（2）听字训练

训练方法：家长读下列短文，孩子认真听，当听到一个"一"字时就用笔在纸上打一个"√"，家长读完后统计听到的个数，直到孩子记录的个数与短文中"一"的个数相同为止。

有一只小鸟，它的家搭在最高的树枝上，它的羽毛还未丰满，还不能飞，每日只在家里叽叽地叫着，和两只老鸟说着话儿，它们都觉得非常快乐。这一天早晨，小鸟醒了，那两只老鸟都去找食物了。一看见火红的太阳，老鸟又害怕了，因为太阳太大了。它们又看见一棵树上的一片好大的树叶，树叶上站着一只小鸟，正在吃害虫，害虫吃了很多树叶，让大树不能长大，大树是人类的好朋友，每一棵树都产生氧气，让每一个人呼吸。这时老鸟马上飞过去，与小鸟一起吃害虫，吃得饱饱的，然后各自带了一只害虫回家喂小鸟。

注：我曾多次给不同年级的孩子做过这个训练，约半数的孩子正确率达不到60%，即使读了两次，也未见明显提高。

✔ **方法2**

（1）词语思维训练

训练方式一：家长念词语，孩子认真听，当听到的词语是电器时，马上举起右手，当听到学习用品时，马上举起左手。

训练方式二：限时30秒，孩子自己看下面的词语，如果是电器就标注1，如果是学习用品就标注2。

凳子	课桌	篮球	洗衣机	电视机	自行车
书包	葡萄	空调	电冰箱	作业本	电风扇
电话机	被子	杯子	钢笔	手机	羽毛球
打火机	飞机	刀剑	电脑	饼干	课程表

（2）找差异训练

训练方法：仔细听（或者阅读）下面几组句子中的甲、乙两句话，快速找出乙句中与甲句不同的地方。

第一组：

甲：树林里的动物和植物充分享受着大自然的阳光和雨露，自由自在地成长。

乙：森林里的动物和植物充分享受着大自然的阳光和雨露，自由自在地生长。

第二组：

甲：我有一个美丽的愿望，长大后做一个植物学家，种出世界上最美丽的花送给妈妈。

乙：我有一个美好的心愿，长大后做一个植物学家，种出世界上最漂亮的花送给妈妈。

✓ 方法3

数3游戏。

游戏规则：

（1）4~5人围桌而坐，选出组长。

（2）组长从1开始数，按顺时针方向其他人依次数下去。

（3）凡遇3的倍数或尾数为3的数字，不得数出声，改为拍一下桌子。

（4）不该出声时出声，不该拍桌子时拍桌子，该拍桌子没拍均算出错。

（5）出错人重新从 1 开始数，其他人继续依次数下去。

要求：一分钟能数到 60 甚至 100。

这是一个团队训练游戏，可以作为家庭活动项目。

以上是几个第一阶段注意力方面的训练方法，当训练达到要求时，就可以进入第二阶段的专注力训练了。

二、专注力训练方法

✔ 方法 1

训练时间保持在 1 分 30 秒到 2 分 30 秒。

（1）树木：如图 8-2，闭上眼睛想象一条笔直的马路，两边的树木之间的距离越来越小，直至变成一个点。

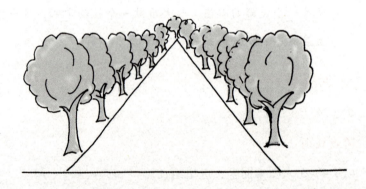

图 8-2 树木

（2）荡秋千：如图 8-3，闭上眼睛想象一个小孩（可以是自己）荡得越来越慢，直至停止。

图 8-3　荡秋千

（3）火车：如图 8-4，闭上眼睛想象火车越来越远，火车后面的 i 字变成一个点。

图 8-4　火车

以上训练在进行时能达到稳定，想象时能保持图像清晰，就可以进入方法 2 的训练。

✔ **方法 2**

训练时间为 7~10 天。

（1）画横 8（如图 8-5）：右手画一个横着的 8，左手再画一个。闭上眼睛想象右手、左手画横着的 8。

图 8-5　画横 8

（2）画螺旋（如图 8-6 至图 8-9）：

睁开眼睛用两只手画一组螺旋；

闭上眼睛用两只手画一组螺旋；

闭上眼睛想象两只手画一组螺旋。

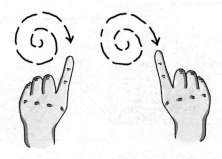

图 8-6　两只手顺时针画螺旋

图 8-7　两只手逆时针画螺旋

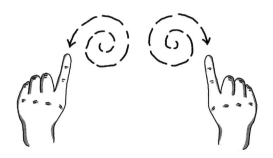

图 8-8 左手逆时针、右手顺时针画螺旋

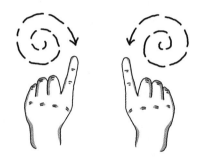

图 8-9 左手顺时针、右手逆时针画螺旋

（3）想象花开的过程（如图 8-10）：闭上眼睛想象一朵花慢慢盛开。

图 8-10 花朵盛开

✓ 方法3

（1）想象回忆：在桌子上从左到右摆放八件物品，然后按照从右到左的顺序依次拿走。闭上眼睛想象这个过程。

（2）"HAO MaMa"，闭上眼睛想象从最后一个字母开始一个一个擦掉，如图8-11。

HAO MaMa
HAO MaM
HAO Ma
HAO M
HAO
HA
H

图8-11

（3）"我是一个好学生"，闭上眼睛想象从第一个字开始，两个或一个依次擦掉，后面的字依次往前移动，如图8-12。

我是一个好学生
一个好学生
好学生
学生

图8-12

（4）"1234567"，闭上眼睛想象从6开始，双数一个一个擦掉，数字往前移，如图8-13。

1234567
123457
12357
1357

图 8 –13

✔ **方法 4**

（1）闭上眼睛深呼吸十次，感觉气流慢慢穿过喉咙、肺部。

（2）闭上眼睛深呼吸，吸气数 1，呼气数 2，一直数到 20。

（3）深呼吸十次，什么都不想。

以上介绍了几个专注力训练的具体方法，分为专项注意力训练（三项）和专项专注力训练（四项），补充说明三点：

第一点，要长期坚持，刻意训练，努力达成目标，而不要应付了事。

第二点，分阶段进行训练，先从注意力训练开始，按照步骤进行，不要急于求成，每次只训练一项，达到效果再进入下一项。当注意力基本上没问题了，再进入专注力训练阶段。

第三点，训练过程中家长不要对孩子进行评论性的指责，不要影响他进入专注状态。孩子就是因为专注力缺乏才进行训练的，出错都是正常的，多训练几次，坚持下去，相信孩子的专注力一定会越来越好。

第9章
强化理解，引导思考，孩子才会积极动脑

——学习不动脑，如何提高

孩子在学习中不肯动脑筋，已经成为家长非常头痛的一件事情。我们都知道，动脑才是学习。如果孩子不动脑筋，就说明他根本不在学习状态。如果只是死记硬背知识点，不强化理解，就算背下来了，也只是记了一堆支离破碎的东西。这些知识不仅不能在实际当中应用，反而对孩子将来的学习是有害的。

虽然家长绞尽脑汁想让孩子多动脑，但实际情况却并不尽如人意。

通常的情况是，孩子遇到一点点难题就不愿意思考，等着家长来教。家长开始跟孩子讲解，孩子好像也在听，但实际上却完全没有进入思考的状态。结果就是无论家长讲多少遍，都是没有用的，因为孩子只想要得到答案，完成当时的作业而已。

孩子记忆力比较好，东西很容易记住，但大多是临时记忆。而死记硬背的知识没有经过大脑的有效处理，处于混乱无序的状态，没有办法应用和输出，最后就成了知识的"脂肪"，将来还要"减肥"。更严重的是，到后面的学习会更麻烦，很多孩子经常一开始学习就说头昏脑涨，就是因为脑子里面已经充满了这些碎片脂肪。

简单记背和复述属于浅层学习，深刻理解和掌握才是深层学习。对于大部分孩子来说，强化理解和深层思考，是有效提升考试成绩的关键。

思考是一种能力，更是一种习惯

不爱动脑思考的人经常会说"我不知道怎么思考"，从而拒绝思考。长期懒得思考问题，就会失去思考能力，也就无法形成思考的习惯，既没有意识去思考，更不知道如何思考。

很多孩子是这样，家长又何尝不是如此呢？

比如，当孩子学习上有问题时，很多家长就简单粗暴地处理。孩子如果不会做，就直接给他讲解；孩子拖拉磨蹭，就一个劲儿催促；孩子不肯起床就叫；犯了错就批评；成绩不好就报补习班……家长根本没有思考孩子的问题所在，只是凭本能直觉行事。

再比如，面试时面试官经常会问，最近在看什么书？业余时间喜欢做什么？一般接受面试的人会本能地回答，最近在看哪本书，平时喜欢唱唱歌，和朋友打打球，等等。

可能有人觉得这样回答没有什么问题，但细究一下，问题还是很明显的。

缺乏思考习惯，直接就问题回答问题，是因为没有意识到，这是面试场景，不是闲聊场景。面试时，面试官问的每个问题都是有其目的的。

其实，面试官并不关心面试者正在看哪本书，也并非要知道面试者具体喜欢做什么。问这个问题，想要了解的是，既然应聘这个工作，是否真的热爱这个工作或专业，平时是否在这个方面花时间学习。如果面试者回答的内容与此无关，面试效果自然大打折扣。

面试绝不是简单地回答问题，而是通过回答问题，向面试官展示自己的工作能力，同样，学生升学时的面试，是向导师展示自己的学习态度和学习能力。这些都是为了给对方一个认可自己的理由，如果连对方的目的都不清楚，很随意地回答，又怎么会有效呢？

小学阶段如果没有养成好的学习习惯，以后是很难改变的，而不爱动脑思考更是从小慢慢形成的习惯。

思考过程的四个步骤

孩子有了思考能力，才敢于积极思考，越来越自信，慢慢形成思考的习惯。如何培养孩子的思考能力呢？首先我们必须要了解思考是怎样发生的，思考的过程是怎样的。

思考的过程大概有四个步骤。

第一步，感知信息。即搜集信息，我们的大脑首先要去搜集思考需要的原材料和素材。感知中最重要的就是专注力，能不能感知到信息，其实就是看专注力够不够。如果专注力很强，就能保持对各种信息的敏感性，一旦信息出现就能瞬间搜集到。

第二步，记忆信息。收集到的信息能有效地存储在大脑中，同时在需要的时候能够随时调取出来，这就是记忆。如果调取不到，也就是常说的都忘记了，便无法进入下一步了。

第三步，理解信息。收集的信息记住了，还要搞清楚这些信息到底是什么，表达的是什么意思，每个信息和其他信息有什么关联。这才是理解，只有理解了，才能在需要的时候，快速调取。

第四步，加工处理信息（思维）。面对需要解决的问题，要快速调取出与该问题相关联的信息，并对这些信息进行加工处理，构建更多的关联关系，形成处理方案和结果。这是思考过程的最后一步。

这就是一个完整的思考过程，四个步骤缺一不可。

孩子遇到难题不爱动脑思考，这是一个笼统模糊的说法，他的问题到底出现在哪一步呢？比如一道数学题不会做，是题目没看懂，条件没看清，还是没理解要解决什么问题，或是最后的信息加工环节出了问题呢？只有搞清楚真正的问题所在，才能有针对性地帮助孩子解决。

很多次，当孩子来问我题目的时候，我都会让他放下书本，把题目本身的意思及要求讲清楚，大部分孩子都讲不清楚或讲不完整，这就说明他思考问题的前面几个步骤没有做到，还没进入真正的思考阶段。往往当孩子能自己把题目本身讲清楚了，基本也都能会做了。

大脑高效记忆的基本原理

孩子的专注力提升之后，信息的收集过程就没什么问题了，然后就是信息的有效存储，即如何记忆。

再复习一个概念，记忆不是记住，记忆是两个字，记和忆，记是记住信息，是输入信息，忆是能回忆出来，也就是快速有效地提取并输出这些信息。

要想帮助孩子强化记忆能力，首先需要研究一下大脑是如何记忆的。

我把大脑的记忆原理概括为一二三四五六七。

一个大脑：这是我们的记忆载体，也是人进行思考的器官。

两个半球：大脑分为左半球和右半球。其中左半球主要负责逻辑思维，肩负记忆逻辑分析等工作；右半球主要负责形象思维，艺术类创意主要和右脑有关。

三层结构：大脑从外到内有三层结构，就如同地球一样（如图9-1所示）。

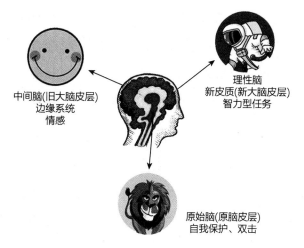

图 9-1　人脑的三层结构

最外层是理性脑，也叫大脑皮层，是人类或者灵长类动物特有的。大脑皮层的功能非常强大，语言和逻辑思维能力、判断是非对错的能力等都是在这里进行的。

中间层叫边缘系统。边缘系统是掌管情感的，喜怒哀乐都由它决定。边缘系统还有另外一些职能，比如调节内脏和睡眠等。记忆主要也是由边缘系统掌控的。

最里层是原始脑，也叫爬虫脑，是动物最早进化出的部分，主要负责一些本能的行动和行为，比如饿了就要吃东西，遇到危险会本能地自我保护等。

所有动物都有原始脑，所以动物都有本能的行为。部分动物，比如哺乳动物，拥有中间脑，有了情感，会出现喜怒哀乐等情绪。但动物因为没有进化出像人类大脑一样的大脑皮层部分，所以基本上不能进行逻辑思维活动，比如判断是非对错，更不要说对世界提出深层问题、研究问题，进行改造世界的探索活动。只有人类进化出了高级的大脑皮层，发明了语言符号，可以学习知识，提出问题，研究问题，发展文化和文明（也许有个别人类的近亲灵长类动物也能进行简单思维）。

了解了大脑的这三层结构，有两个问题值得关注。

第一，为什么道理孩子都知道，就是不愿意去做？

这与大脑结构有关。是非对错，也就是道理，由大脑皮层掌管，而行动由最里层的爬虫脑掌管，如果中间这一层管喜怒哀乐的边缘系统没有打通，就是常说的不高兴做，那么道理说再多也没有用。

第二，怎样才能提高记忆效率？

从大脑结构我们知道，边缘系统既掌管情绪，又掌管记忆功能。所以情绪状态和记忆是相关的——如果情绪状态不佳，记忆效果就会很差。很多家长逼着孩子去看书、背单词，孩子虽然去做了，但其实内心烦躁、不开心，这样的学习和记忆效率就会大打折扣。

四种脑波： 大脑在进行活动时，在不同的活动状态下，会产生不同的脑波，基本分为四种脑波，分别是：α波、β波、θ波、δ波，四种波形的频率是不一样的（见表9-1）。

表9-1 脑电波和人精神状态的关系

α波（8~14Hz）	α波为优势波时，人比较放松，心情平和、内心安静，此时是学习与思考的最佳脑波状态
β波（14Hz以上）	人清醒时大部分时间处于β波为优势波的状态。适当的β波对注意力提升以及认知行为的发展有积极作用

(续)

θ波（4~8Hz）	θ波为优势波时，人的意识中断，身体深沉放松，对于外界的信息呈现高度的受暗示状态，即被催眠状态
δ波（0.4~4Hz）	人的睡眠品质好坏与δ波有非常直接的关系

α波的频率是8~14Hz，表现出的是比较放松的状态，心情平和、内心安静，比如清晨起床后的状态，是学习和思考最佳的状态，这时候思考记忆会非常有效，这就是为什么常说"一日之计在于晨"。

β波的频率在14Hz以上，这时人处在相对紧张的状态，或者强情绪状态，比如被批评了，很愤怒，或遇到一些突发情况，对事情要加强注意。

θ波的频率在4~8Hz之间，这时人处在半清醒状态，也称为被催眠状态，对于外界信息呈现高度受暗示的状态。

δ波的频率比较低，在0.4~4Hz之间，是深睡眠的状态。

由此可见，大脑处于α波状态时学习效果最佳。适当的β波状态下，会保持一定的紧张度，有助于提高注意力，但长时间的高频β波状态，则是被情绪掌控的状态，是无法学习的。

这样我们就明白，家长批评、训斥或催促孩子时，会使孩子的情绪受到影响，心烦气躁，大脑处于β波状态，学习效率自然不会高。

家长之所以要淡定微笑，要语气温和，就是要创造一个温和平静的氛围，让孩子有个好心情，这样他才会做好事情。所谓定能生慧，就是内心安定，智慧就能慢慢产生，也是这个道理。

5~7个单位是我们记忆的极限。

为什么一个星期是 7 天？为什么古诗是五言和七言？因为 7 个字是大脑容易记住的最多字数，8 个字就会变得相对难记。

根据这个原理，我们平时记忆不妨把 5 句合成一个单位，然后再把 5~7 个单位合成一个单位，如此反复，最终形成一个整体的固化记忆。

比如，当我们熟练记住《静夜思》后，在背诵时，四句诗是脱口而出的，很少出现背出第一句再想第二句的情况，正是因为这四句诗形成了一个记忆整体。

以上部分，是我对大脑记忆原理的理解，或许不是那么严谨精确，但基本原理是这样的。了解清楚这些，对家长帮助孩子提升记忆效率，会有很大帮助。

孩子有时会说，本来都记住了，后来又忘了。如何让记住的东西不再忘记呢？这就涉及记忆曲线，或者叫遗忘曲线，也叫艾宾浩斯遗忘曲线（如图 9-2）。了解这个方法，对提高记忆效率也很重要。

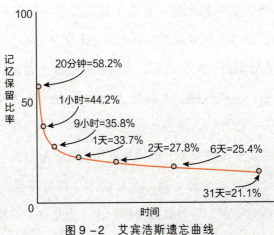

图 9-2 艾宾浩斯遗忘曲线

通过遗忘曲线我们可以看到，开始时知识都能记住，但记得快，忘得更快——20分钟之后忘掉近1/2，24小时之后忘记2/3，两天之后忘记70%以上，6天后就只剩下1/4了。

大脑的正常遗忘过程就是这样。所以单词也好，课文也好，定期重复强化记忆很重要，如果能在24小时之内多次强化，记忆效果要高很多倍，而后遗忘的就会少很多。比如小时候刚学会游泳和骑自行车，如果经常练习，非常熟练之后，即使很长一段时间，甚至几年、十几年不练习，也还是会的。

人的遗忘也是有选择性的，首先会遗忘那些不想记住、令人不开心、看不懂、不理解的，深刻理解的内容会很容易进入到记忆深处，形成固化的记忆。这就要求我们要强化理解性学习。

理解到什么程度才能进行有效思考

内容记住了，接下来进入到很关键的一点——有效思考，也就是理解。

如果不理解，是无法进行有效思考的。

什么是真正理解呢？

对一个知识的理解，起码应包括三个方面。

第一，内涵。即理解这个知识到底说的是什么。不是对书上的文字定义死记硬背，而是要用自己的话表达出来，这才是自己的认知理解程度。

第二，外延。即知道这个知识属于什么性质、什么类别。也就是这个知识和其他知识的关系问题。

第三，缘由。即了解这个知识是怎么产生的，为什么会有这个知识。就是知其然，还要知其所以然。

掌握了这三点，才是真正的理解，这就是我们常说的元认知能力。而很多孩子在学习时，基本不去思考这些问题，也说不清楚这些问题，只是知道一个大概意思而已。

为了便于理解这三点，下面举几个实际例子具体解释一下。

例1

$$\frac{2}{5} + \frac{3}{4} = ?$$

学过分数加减法的孩子都知道，做这道题要先通分。那为什么要通分呢？很多孩子会说因为分数的分母不一样。那同样是分母不一样，$\frac{2}{5} \times \frac{3}{4}$ 为何不需要通分呢？孩子可能会说，老师说的，加法要通分，乘法不要通分。那为何加法要通分呢？很多孩子就说不出来了，这其实是对加法和分数基本概念的理解还不够。

首先说加法，加法运算是有前提条件的：单位必须要一致。1公里和1公斤是无法相加的，因为单位不一致。这个比较容易理解。

再看这两个分数。$\frac{2}{5}$ 是指把一个东西分5份后取其中的2份，表示为 $\frac{2}{5}$，本质含义是2个 $\frac{1}{5}$，$\frac{1}{5}$ 是其基本单位；同理，$\frac{3}{4}$ 是指把一个东西分 4 份后取其中的 3 份，表示为 $\frac{3}{4}$，本质含义是 3 个 $\frac{1}{4}$，$\frac{1}{4}$ 是其基本单位。

这就很清楚了，一个单位是 $\frac{1}{5}$，一个单位是 $\frac{1}{4}$，当然不能相加。这和 2 厘米不能与 3 毫米直接相加是一样的道理。而通分就是把这两个分数的基本单位统一成 $\frac{1}{20}$，$\frac{2}{5}$ 变成 $\frac{8}{20}$，$\frac{3}{4}$ 变成 $\frac{15}{20}$，就变成了 8 个 $\frac{1}{20}$ 加上 15 个 $\frac{1}{20}$，这样就可以相加了。

这就是对通分的理解。有人会说，很多孩子没理解到这个程度，成绩也照样很好啊！道理是没错，小学和初中阶段的知识比较简单，考试要求相对不高，但如果学习知识都能像这样深入钻研理解，并形成习惯，到以后学习更复杂的知识时，学习效果就不一样了。

例2

小学数学会学到"速度"，有很多这方面的应用题。初中物理也会专门学习这个概念。那速度到底是什么呢？我问过许多学生，甚至包括很多大学生和成人，他们基本上都说不清楚。

很多人的回答是，速度就是距离除以时间。这只是计算速度的公式，准确地说，是计算某段时间平均速率的公式，并没表达出速度这个概念的含义。

对于速度这个基本概念，这样的理解是远远不够的。根据上面说的要从三个方面理解一个知识，我们一起研究一下。

1. 速度的内涵是什么？

课本上说速度就是物体单位时间移动的距离。那我们是不是认为速度与移动时间和移动距离有关呢？是不是如果没有移动时间和移动距离，物体就没有速度呢？显然不是这样。

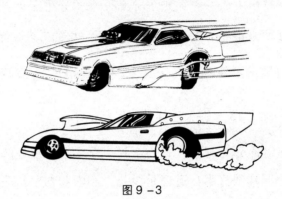

图 9-3

图 9-3 是汽车疾驰而过的瞬间，在这个瞬间，既没有移动时间，也没有移动距离，但我们知道，汽车肯定是有速度的，而且这两辆汽车的速度不同，这个就是瞬时速度。

从这个意义上来说，速度并不依赖时间和距离而存在，是物体当时的内在属性，是描述物体当前运动快慢的量，和这个物体的质量一样。

速度是物体的内在属性，其指向的意义是什么呢？如果根据通常意义理解的"速度 = 距离/时间"，会认为速度这个概念描述的是过去的时间和距离，但其实并非如此，物体速度这个当前属性，描述的是物体的未来状态。速度不同，物体的未来状态也不同。

比如，第一辆车当前速度是 50 公里/小时，第二辆是 80 公里/

小时，这个速度描述的意思就是，如果保持这种状态，一小时之后，第一辆车会在50公里处，第二辆会在80公里处。如果再加上方向，就能更明确地知道一个小时之后它们的具体方位了。

2. 速度属于什么性质的概念？

如前文所说，首先，速度是物体的一种内在属性，是描述物体当前运动快慢的量，和物体本身的内在质量属于一个性质。其次，速度是一个矢量，既有大小也有方向，平时我们说的速度只是数值大小，其实速度是有方向的。这个概念和力是一样的，力既有大小，也有方向。当然，力还有一个要素，就是着力点。

3. 速度是怎么产生的？

有的孩子会说速度是因为力形成的，这个理解肯定是错的。首先我们都知道物体在受力为0的情况下会保持匀速运动状态，所以没有力一样有速度；其次力产生的是加速度，物体有了加速度，速度就会变化。所以加速度才是速度变化的成因，力是加速度的成因，一旦力没了，加速度也没了，速度也就不变了。

如果孩子都能这样去理解和探究各种知识概念，我相信不管什么学科都能学好。

下面是一道智力测试题。

有一个人早上9点从山脚出发上山，晚上到了山顶并在山顶过了一夜。第二天还是早上9点出发，从山顶往山脚按原路下山。上山过程和下山过程的行走速度随意。问：在山脚和山顶之间，是否存在这样一个地方，他在前一天上山过程中和第二天下山过程中，在相同的时间点到达了这个地方？比如他上山时是12:53到达了中间某个亭子，下山时也恰好是 12：53 到达了这个亭子（刻意安排时间的情况除外）。

这个问题看起来很绕，感觉很复杂，一般会去研究上山下山速度快慢的情况，但这样的思路基本上是无法厘清的。

如果真正理解了这个题目，其实是非常简单的，画图便一目了然。

图 9-4

根据题意所说，因为都是早上 9:00 出发，我们可以理解成两个人：甲从山顶下山，乙从山脚上山，同时相向而行（如图 9-4）。这样不管谁快谁慢，两个人总会遇到，相遇的点就是我们求的点，这个点肯定存在，只是双方速度不同，这个点的位置就会不同而已。如果下山走得慢，那么这个点就靠近山顶，反之则靠近山脚，就是这么简单，答案呼之欲出。

这就是真正的理解，理解清楚了就非常容易。

也可以看出，画图对我们的理解帮助很大，形象思维或具象思维更有助于大脑去理解，因为可以直观地看出来。对于孩子来讲更是如此。孩子的抽象思维还不够成熟，所以形象化、具体化的东西会更便于他们理解。

凡事只有理解了，后续的思考才能成为可能。

最后再举一个例子，来说明为什么我们一般的教学，会让学生觉得学习是一件很困难的事情。

例4

我在三年前曾做过一个高中国际课程项目，当时准备开发一个会计学的线上课程，需要招聘几个会计系的大学生做课件。面试时，要求大学生做一个五分钟试讲，主题是"什么是会计"。

有一个大学生是这样讲的：什么是会计呢？会计是以会计凭证为依据，以货币为主要计量单位，运用一系列专门的技术方法，全面、连续、系统、综合地反映和监督企业事业单位的经济活动……

她讲完后，我问她："你为什么这么讲呢？"她说："书上就是这么说的，老师也是这么讲的。"我就笑了："你觉得讲课的目的是什么呢？是把该讲的知识给学生讲一遍就好了，不管学生是否能理解掌握吗？对于一个高中生来说，什么叫会计凭证，什么叫货币，什么叫计量单位，什么叫技术方法，什么叫连续、系统、综合地反映和监督，什么叫企事业单位，什么叫经济活动……全是不理解的，如果要他们死记硬背概念，学生自然会觉得很难学，又怎么会喜欢学呢？"

我曾经读过 MBA，学过会计学这门课，记得当时的教材是这样引入会计学的概念的：小王想开一个广告策划公司，于是向家里借了 5 万块钱，租了一个地方做办公室，买了几张办公桌、椅子和文件柜，又买了一台电脑和打印机，还买了一些办公用品，然后开始接广告业务。因为服务态度好，生意不错，一个人忙不过来，于是就招聘了一个员工做帮手，月薪 5000 元。忙碌了三个月，小王想知道，到底是赚钱了还是亏钱了？赚了多少钱？亏钱亏在哪里了？便开始算账，这个账应该怎么算呢？这就叫会计。

学生这么一看，是否就很容易理解了呢？原来会计是这个意思，会计学这么有用，将来开公司肯定会用到的，那一定要好好学。

所有的知识其实都来源于实际生活和社会实践，人类最终能总结出知识和概念，经过了漫长的认知过程。后人要学习这些知识，自然也需要一个必不可少的认知过程，只不过可以大大缩短时间。但完全或基本取消这个过程，势必会无端地增加学习难度和学习压力，造成对学习知识的抗拒和排斥。

由此，教师的作用，就是成为专业知识和学生之间的桥梁，用学生较易理解的方式，帮助学生更好地掌握知识，而不是直接打包塞给学生。

教师最重要的职责就是教学，既然是教学，就不能只管自己教，而不管学生的学。

通过以上四个例子，我们总结一下：以理解掌握为目的的深层学习，就是要在学习过程中，形成深入探究的习惯，不断问"是什么""属什么""为什么"这几个问题。最有效的做法是，通过不断提问，把学过的知识用自己的话讲出来，而不是单纯背诵书上的概念。只有把来龙去脉厘清了，才是真正的理解。

每个人的接受能力有差异，有些孩子的理解能力会稍微偏弱一点，作为家长，可以针对孩子的具体特点，尽量用一些形象化、具体化的东西来让孩子感受，这样更能促进他的理解。

思维的形成过程

有了真正的理解之后，思维过程将会自然而然地发生。

我们用图 9-5 来说明思维的发生过程。

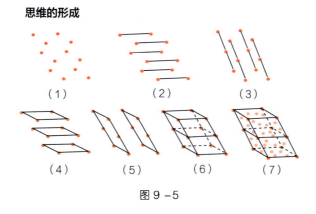

图 9-5

图 9-5（1）的 12 个点代表大脑记住的、已经被理解的东西。思维实际上就是点与点之间的联系，类似于化学反应，是自动自发形成的，就是我们平时常说的融会贯通。

这 12 个点，随着理解的深入，会逐渐建立横向两点之间的联系，形成六条横线，如图 9-5（2）；建立纵向三个点之间的联系，形成纵向四条线，如图9-5(3)；再逐渐建立各四个点的联系，形成横向三个面，如图9-5(4)；建立各6个点的联系，形成纵向两个面，如图9-5(5)……最终会形成一个立体的知识系统框架，形成我们的认知体系，如图9-5(6)。一旦体系框架建立起来，如图9-5(7)所示，框架内的其他所有的点（非形成框架的顶点），即其他相关知识点，不用专门去学，就融会贯通地理解明白了。这个知识体系的形成，就是因为对这些知识点进行了深刻理解和掌握。各点之间的连线关系的形成，就是不断思维的过程。

这就是孔子所说的举一反三，温故而知新的道理。

所以，思考能力和思维过程是建立在深刻理解和有效记忆的基础之上的。当知识点真正被理解和掌握了，大脑就自然会发生这样的思维过程。反之，如果大脑空空如也，或者只记住了一些碎片化的知识，而没有深入理解和掌握，那么它们之间的关联就无法建立起来，也就无法产生思维过程。

因此，要想提高思考能力，有效的做法就是加强深入理解的过程。

如何有效提升思维效率

在深入理解之后，是不是就被动地等待思维过程的发生呢？为什么有的人思考得很快，而有的人要想很久呢？这就是思维效率的问题了。

大部分人的思维基本上是简单思维或直觉思维，比如孩子数学成绩不好，就找数学老师补数学，英语成绩不好就补英语，题目不会做就讲给他听，孩子拖拉磨蹭就催促，犯错了就批评，等等。而思维是一个非常复杂的过程，想要提升思维效率，就需要进行思维模式的训练。

思维模式有横向和纵向两大类，共四种模式。

横向：孤立思维和系统思维

任何事物都不是孤立存在的，和很多事物都有关联，存在于一个系统之中。如果我们一叶障目，不见森林，只孤立地看待某个事物本身，完全忽略其他方面，就叫孤立思维。而系统思维恰恰相反，是把一个事物放在其所在的系统当中，全面考虑各方面的影响。

一位盲人晚上要出门，他点了一个灯笼提着走。有人笑话他："你为什么要点灯笼，你又看不见！"盲人说："我点灯笼不是为了我自己看见，是为了让别人看见我而不撞到我。"

这位盲人的思维就是系统思维，而嘲笑他的人则是孤立思维，他们把盲人当作一个单独的个体来看。

我们常说的发散思维，其实也是系统思维的一种，有这种思维的人能够发散联想，把与之相关联的事物都建立联系。

纵向：静止思维和发展思维

任何一个事物都是存在于一个系统空间里的。同样，从时间角度来说，任何一个事物显示的只是当前时间点的状态，并不是一成不变的，是会随着时间而不断变化发展的。看待一个事物时，能考虑到这种不断变化，就是发展思维；主观上把事物当作永远都会这样的思维方式，就是静止思维。

更典型的静止思维，是家长对孩子的焦虑情绪。孩子一旦在学习上出现问题，家长就会担心，甚至愤怒发火。家长的思维过程是这样的：现在成绩不好，就考不上好中学，将来可能考不上好大学，找不到好工作，生活就会不幸福，人生就会很失败，等等。这个推理过程似乎很有道理，而事实上呢？孩子是在不断成长变化的，社会也是在不断发展变化的，家长推理出来的情况，只是万千可能中的一种，并非全部。各种可能都存在，而且是不可知的，也许有更多更好的可能会发生，让将来未必发生的一种可能影响现在的情绪，是毫无意义的，况且孩子只是当前出现了学习问题，未必以后也是这样。

事物都在不断发展变化之中，这种发展变化会是什么样子，谁也无法预测。所有的推理，也只是一个观点而已，在最终的事实面前，推理永远只是推理。在20年前，甚至是10年前，我们很难想象到现在的社会是这样的。同样，10年后，20年、30年后的世界会是什么样子，对人有什么要求，以我们现在的眼光，也不能做出准确的判断。

发展思维，就是要我们认可这种变化的可能性，接受现在，憧憬未来，摆脱焦虑情绪的影响，把精力和关注点放在所面对的具体问题的解决上，这才是最佳的做法。

如何提高数学思维能力

对于大部分中小学生来说，数学是花费时间最长，做试卷最多，感觉最难，也是提高最慢的学科。学习数学，除了需要具备计算能力之外，还要具备数学思维能力，下面就和大家来探讨一下数学思维能力的培养。

我们从小学、中学到大学，一直在学数学，经历了无数次数学考试，但是大家有没有想过一个问题，数学到底在考什么？很多学生会说，数学当然是考题目啊，这样想的学生，基本都在刷题，并非在学数学。我们都知道，从学校毕业后，除非是做数学老师，否则将不再需要做题了，那为什么学校要考题目呢？

如果我们认真了解考试说明，就会知道，数学真正考的不是题目，题目只是载体，数学考的是三基：

- 基础知识
- 基本方法和思想
- 基本技能

出题人通过一张数学试卷，来考查学生对数学基础知识的掌握和理解，对数学基本方法和基本思想的领悟和应用，通过试卷解题的完成过程，考查其基本技能的达标情况。

不同年级，需要掌握的数学基础知识和基本方法均不同，但一以贯之的是对四大数学思想的领悟和实际运用，这才是学习数学的真正目的，也是我们将来在社会工作中必备的思维能力。

这四大数学思想（也可以认为是四大数学方法）分别是：

- 分类讨论
- 等价转化
- 数形结合
- 函数方程

分类讨论我们都比较熟悉，一个问题如果有多个可能的情况，必须对不同情况分别进行讨论。比如一个数有大于 0、等于 0、小于 0 三种情况。

等价转化简单描述就是：$a=b$，$b=c$，则 $a=c$。从数学思维上来说，就是把一种情况转化成另一种比较容易理解的情况来进行处理，以提高效率。比如前面例 3 的题目，把第一天上山和第二天下山的情况，转化为同一时间的相遇问题，就变得非常简单了。数学中有很多这样的思维方法，后面会举例说明。

这个例子同时还说明了数形结合的数学思想。原本看起来很复杂的描述，当把相应的示意图画出来，就简单明了了。数学中有非常多数形结合的情况，尤其是在高中及大学阶段学习的函数，基本上都有相应的图形。图形比较直观，同时一张图片蕴含的信息量，往往比文字描述要大得多，而且人脑对图像信息的处理效率也要高很多。比如我们有时会觉得一个人脸熟，但就是想不起来对方的名字，因为记忆人脸利用的是右脑记忆图像的功能，而记忆名字利用的则是左脑记忆文字的功能。所以，建议家长一定要帮助孩子养成做数学题时画图的习惯，具象思维能帮助孩子提高思考效率。

最后一个是函数方程的思想。当我们不能很直接地解决问题时，可以借助代数，用未知数 x 代表一下，假定已经有了答案，然后根据等量关系，建立一个函数式或方程式，通过解函数或方程，反推出我们要的答案，这就是函数方程的思想。

我们从小学、中学到大学，从简单的一元一次方程到各种复杂的函数方程，都是在学习领会这种思想方法。在中小学阶段的应用题中，列方程的核心是正确的等量关系的建立。

下面用一道趣味智力测试题来进行说明。

有 3 个好朋友外出旅行，晚上到一家旅店住宿，一间 3 人房 30 元一晚，3 人各交了 10 元钱给旅店老板。后来旅店老板想起今天有个优惠促销，只要 25 元，就拿出 5 元钱给服务员，让他退给这 3 个旅客。服务员觉得 5 元钱 3 个人不太好分，就扣下了 2 元，给这 3 个旅客每人 1 元，这 3 个人也很高兴。问题来了：这 3 个人每人花了 9 元住宿，合计是 27 元，加上服务员扣下的 2 元，一共是 29 元，但开始的时候 3 个人每人付了 10 元，共 30 元，那 1 元钱去了哪里？

对于这道测试题，很多人都觉得有问题，但问题到底出在哪儿，却又很难说清楚。这道题测试的就是数学思维，具体来说就是函数方程的思想。

函数方程最关键的就是建立正确的等量关系，在这道题中，正确的等量关系是：支出费用 = 收入费用。支出费用 = 3 × 10 = 30 元；收入费用 = 25 元（旅店老板）+ 2 元（服务员）+ 3 元（3 个旅客）= 30 元，等量关系成立，没问题。

那这道题中为何出现 1 元钱去了哪里的问题呢？是因为违反了正确的等量关系，把实际支出费用（旅客支出 27 元）和收入费用

(服务员收入 2 元)相加,再和总支出费用 30 元建立等量关系,这个等式是不成立的,所以,1 元钱的问题根本不存在。

真正领悟了数学思想,有了清晰的数学思维,这个问题就很清楚了。

下面我们通过一道大家比较熟悉的小学数学题,来说明数学思维是如何提高学习效率的。

例题:可口可乐 1 元钱 1 瓶,2 个空可乐瓶可以换 1 瓶可乐(如图 9-6)。问 20 元最多可以喝到几瓶可乐?

图 9-6

大部分人的计算过程是这样的:先用 20 元买 20 瓶可乐,再用 20 个空瓶换 10 瓶可乐,然后再去换,直到不能换为止,如果中间不出错,结果应该是 20+10+5+2+1+1=39 瓶。当然,计算粗心漏算总是难免的,于是 35、36、37、38 等各种答案都会出现。

我们先不论 39 瓶这个结果是否正确,首先,这是一道数学题,而刚才的方法并非真的是用数学方法在解题。如果把最后的问题改成"25968 元最多能喝多少瓶",是不是要算一天呢?显然这种做法是不对的。

有很多这样的学生,简单看下题,想当然马上就做,我把这类学生称为"机械型"学生。

有的学生说自己明白了,这是要用方法的。先算1元最多能喝几瓶,然后有多少钱就乘上多少,就简单了。1元钱可以买1瓶可乐,喝完之后,向老板借1个空瓶,这样就有2个空瓶,可以换1瓶可乐,喝完之后,正好把这个空瓶还给老板。这样1元就能喝2瓶可乐,20元就能喝40瓶。

这是一个很聪明的方法,而且这个答案肯定是正确的。有人会不服气,说这明明是脑筋急转弯,不是数学题,没想到还能借空瓶,那万一老板不借呢?有借有还,老板当然是要借的。其实这个方法的问题不在于老板借不借,而是在于考试时,题目的数字和条件会发生变化。比如题目变成:

可乐2元一瓶,5个空瓶可以换2瓶可乐(如图9-7),60元最多可以喝到几瓶可乐?

图9-7

这时还能借吗?如果同时再附加一个条件,10个瓶盖还可以换1瓶可乐,60元最多可以喝多少瓶?又怎么借呢?

这类学生很聪明,喜欢寻求各种学习方法和应试技巧,我称之为"技巧型"学生。

这种题到底应该怎么解呢?前面我们说了,数学题到底在考什么?考的不是答案,而是对基础知识的理解和基本方法的掌握和应用。

我们来看看基础知识点。

该题问的是 20 元最多可以喝到几瓶可乐，就是已知总价求数量。根据学过的基本公式：数量 = 总价/单价，缺的是可乐的单价。已知条件里有可乐 1 元 1 瓶，可乐的单价 = 1 元 − 空瓶价，那空瓶价怎么求呢？

已知条件：2 个空瓶可以换 1 瓶可乐，那么 2 个空瓶 = 1 瓶可乐 = 1 元，1 个空瓶 = 0.5 元，所以可乐的单价 = 1 − 0.5 = 0.5 元。

最后结果为 20 ÷ 0.5 = 40 瓶。这里并没有向老板借空瓶的问题。

如果数字变成可乐 2 元 1 瓶，5 个空瓶可以换 2 瓶可乐，我们可以用同样的方法去做，5 个空瓶 = 2 瓶可乐 = 4 元，所以 1 个空瓶是 0.8 元，那么可乐的单价就是 2 − 0.8 = 1.2 元，60 元就可以买到 60 ÷ 1.2 = 50 瓶。即使再加上瓶盖，也能算出 1 个瓶盖值多少钱，再减去瓶盖的价钱，求出可乐的单价，最后同样可以算出买到可乐的数量。

用这样的做法，这个题型，不管数字怎么换都可以很快算出来，这样才是真正地理解掌握了，这才是数学思维和数学方法的应用。这种情况下，还需要再花时间去刷此类型的题吗？

那么，解这道题真正用到了什么数学知识和方法呢？第一个是数量 = 总价/单价这个基本公式，重点是真正理解掌握单价的基本概念；第二个是 2 个空瓶 = 1 瓶可乐 = 1 元，这是一个等价转化的数学方法，在这里得到了应用。

这才是这道题真正要考学生的东西。能这样进行解题的学生，我称之为"领悟型"学生。这类学生，才是学习能力最强的学生。

再强调一句：考试考的不是题目，而是对基础知识的理解，对基本方法、基本思想的掌握和应用。

如果没有掌握要考查的知识，刷再多的题也没有用。如果掌握了，很少几道题就够了。

如何通过成就感驱动孩子积极思考

在学习过程中，很多孩子因为始终不愿意去动脑思考问题，从而逐渐丧失了思考能力，形成了不动脑的习惯。而在孩子遇到不会的难题时，老师和家长不断地讲解，给孩子安排更多的补课，更是造成了孩子的学习依赖性，进一步助长了不动脑思考的行为。

一般情况下，孩子学习成绩不理想，形成不好的习惯，无非是存在两个问题：能力问题和态度问题，说得通俗点就是"笨"和"懒"的问题。"笨"的孩子并不多，主要还是"懒"。懒又包括身体懒和头脑懒两种情况，或者兼而有之。应对"笨"和"懒"，应该采取不同的措施，而很多家长往往是用应对"笨"的办法，去解决"懒"的问题，不仅达不到很好的效果，还会使"懒"的问题越来越严重。

如果孩子接受能力较弱，理解能力较差，就需要家长或老师耐心地多讲解几次，甚至需要采用多种方式讲解，帮助他更好地理解和掌握。

如果孩子并非是这种情况，而是因为惰性不愿意自己动脑思考，甚至已经形成了一定的依赖性，遇到稍微需要动点脑筋的问题，就直接等着讲解，那么此时的讲解对他来说，只是配合他应付完成作业而已，达成他不想动脑的主观愿望，无助于他的理解和掌握。

此时正确的做法是什么呢？

中国教育史上，也是世界教育史上第一部教育学的专著《礼记·学记》里有一句话，可以给我们明确而清晰的指导，这句话是：

道而弗牵则和，强而弗抑则易，开而弗达则思。

道而弗牵则和：和是和睦、和谐的意思。家长经常说，只要不谈学习，家长和孩子之间就很和睦融洽，一谈到学习，就会变成仇人。如何才能使亲子关系在学习中也很融洽呢？四个字：道而弗牵。"道"即"指条道"，就是引导——家长要引导孩子，让他自己走向正确的方向，而不是牵着他的鼻子，要求他这样，要求他那样。这样双方的关系就会很和谐。

强而弗抑则易：易不是容易，而是开心愉悦的心情。复习一下前面讲过的记忆理论：情绪状态好的时候记忆力就会强，心情愉悦，大脑处于 α 波的状态，学习效率就会高。如何让孩子学习时心情愉悦呢？也是四个字：强而弗抑。"强"读 qiǎng，在这里是勉励的意思，不是强迫。要鼓励孩子，而不是压抑他，打击他，不能动辄批评"你怎么这么笨，这么不自觉，你看人家某某某"，等等，这些话，会让孩子的心情烦躁，引发对抗情绪。

开而弗达则思：思就是思考，就是我们希望的孩子能主动思考。如何做呢？同样四个字，开而弗达。"开"是指开启、启发。"达"指直接到达，就是直接告诉他答案。当孩子遇到问题来求教的时候，不能直接带他到达目的地，不能直接给他讲解，更不能直接给他答案，而要不断地开启他的脑洞，启发他的智慧，他就会主动进行思考。须知人都是有惰性的，既然直接就能得到答案，谁愿意去思考呢？

如果孩子来问一道数学题，聪明的家长会这样说："请你先把题目背一遍给我听，已知什么？要求的是什么？"这是引导他理解题目的意思，如果需要画图，可以要求他在纸上凭记忆画一遍，一步一步引导他思考。

此为"开而弗达则思"。通过这种方式不断训练，孩子在家长的带领下，就能不断进行思考。

道而弗牵则和，强而弗抑则易，开而弗达则思，就是通过"道而弗牵"建立愉悦的学习氛围和亲子关系，通过"强而弗抑"激发孩子的学习状态，通过"开而弗达"训练孩子的思考能力和动脑习惯。

经常有家长说，有时候也会引导启发孩子思考，但他还是不肯主动动脑筋，遇到稍难的题还是会来问，什么时候他才能自己动脑思考呢？其实这还是因为我们不够耐心，只要我们每次都能秉承以上三句话进行操作，让孩子在思考过程中最终解决了问题，不断体验到思考带来的成就感，不断获得自信心，经过一段时间之后，成就感就会驱动他积极思考，从而获得更多自信，自然会形成主动思考的习惯。

帮助孩子养成积极动脑习惯的三个原则

积极动脑思考的习惯，需要刻意训练并长期坚持，家长更要创造一个积极动脑思考的家庭氛围。平时和孩子在一起时，可以经常就一些时事或者问题进行深入讨论，家长要引导孩子探究一些可能的原因和影响，而非简单的就事论事，更不能随意说说自己的观点和评论。

家长还需要经常和孩子做一些思维益智类的游戏，如谜语、脑筋急转弯、智力题等，但一定要有分析，不能满足于知道答案后哈哈一笑。每一个谜语、脑筋急转弯、智力题的背后都有值得思考的东西。这些活动，可以让孩子获得动脑探究的乐趣，体验思考的魅力。在一个以动脑筋为乐的家庭氛围中，孩子更愿意积极思考问题，更有助于形成思考习惯。

无论是在帮助孩子学习时，还是在讨论和游戏活动中，家长对以下三个原则的持续坚持，将促进孩子养成积极思考的习惯。

原则一：用对方法

惰性较强的孩子，在听课时，大脑基本处于被动接受的状态，不太会进行主动思考，更多的补课和过多的讲解无助于帮其培养积极思考的习惯。

正确有效的方法是家长提问，孩子讲解。孩子在讲解具体问题时，大脑会开始运转，为了讲清楚，大脑会不断进行梳理、总结、提炼。孩子讲得越多，思考越多。反之，家长讲得越多，孩子则听听而已。平时要多让孩子讲解回顾当天学习的课堂知识，带领孩子进行课前预习，看完课本让他自己讲一下内容，必须是用自己的话讲出来，而不是背诵课本文字。

孩子在课堂学习知识，是"输入"，回来用自己的话讲给家长听，是"输出"，"输入"+"输出"形成回路，理解和掌握度就能更深一层。

原则二：问对问题

很多家长和老师经常问孩子："听懂了吗？理解了吗？"这个问题其实是无效问题，孩子会根据他当时的认知，认为自己听懂了，而事实上听懂了吗？他不知道。

正确的提问是："刚才讲的这个问题，请用三句话总结一下。"如果孩子能条理清晰地总结出三句话，而且抓住了重点，可以确定，他确实听懂了。

问对问题，就是要问开放性问题，尽量少问限制性问题（如答案为"是"和"否"的问题），要用有效的问题，引导孩子思考。

原则三：把握好方向

要让孩子爱上思考，积极思考，必须让他从思考中获得成就感——做到他以为自己做不到的事情。这就是我们在训练过程中要把握好的方向。

如果家长说，"爸爸妈妈当年读书时，哪像你这么费劲，这么简单的题也不会做"，孩子听了这样的话，最多认为"爸爸妈妈好厉害，我怎么这么差"。他会有成就感吗？想必只有挫败感和自卑感。

相反，如果家长适当示弱装傻，假装不会，和孩子一起研究，引导他思考，把想讲解的话，通过提问的方式让他讲出来，最后夸赞他"你好厉害，这么难的题自己都能做出来，爸爸妈妈当年也没你这么快"，那么他就会真的觉得自己厉害，充满成就感和自信，这种成就感和自信心，会让他更有动脑的积极性。

"强而弗抑则易"，同时要注意的是，孩子在讲解、思考的过程中，家长千万别说"这样想是不对的""怎么可以这样想呢"之类的话，这些否定是对孩子思考积极性的打击。要做到不判断、不评论，只询问"你为什么会这样想呢"，不断引导他去思考和表达。

一个有效训练数学思维的具体方法

最后，我简单介绍一个自己做的训练实验项目。

2016年暑假前，为了更好地帮助一些学生提升数学思维能力，在我们举办的学习力周末特训班上，我设计了每周一次的数学讲题大赛，具体方式是：

1. 每个学生周一至周五每天准备一道数学题（最好是每天的作业或练习中的题，要求是典型的应用题或复杂的计算及证明题等，不可以是简单计算题），一共5道题。

2. 要求每个学生熟记自己准备的5道题，并为每道题总结出2~3句话的解题思路（不需要解题过程）。

3. 周末时现场进行个人5道题限时讲题比赛，讲题时不带书本上台，用最快速度介绍题目要求（可板书），讲清解题思路。5道题限时5分钟之内讲完。

4. 评委老师从选题难度、讲题正确率、讲题速度（用时）三方面进行打分。

5. 根据三方面总分进行排名，评选一、二、三等奖进行表彰。

本实验班有12名学生，3~7年级学生均有，共进行了7周左右时间，即每个学生大概讲了35道数学题。

期末考试时，每个学生的数学成绩均有不同幅度的提升，对数学学习的自信心大大增强。

家长们不妨一试！

第10章
真正的阅读并不是简单看书

——阅读不理解，何谈成长

阅读是精神的旅行，旅行是身体的阅读。一个人真正的成长，离不开读万卷书，行万里路。

一个孩子，可能不擅长打篮球、踢足球，可能不懂音乐、不会画画、唱不好歌，更可能像我一样不会跳舞、不会游泳，甚至各科成绩也不那么优秀，然而这一切，都未必会影响他将来的人生。但是，如果他不会阅读，理解能力差，或者不擅长表达，沟通能力差，必将严重影响其人生成长，很难有更大的成就。

阅读，是一个人获取知识的基本方式，是一切学习的基础。阅读理解能力，是一切学习的基本能力。每读一本好书，都是在和一位智者交流。可以说，阅读能力，是一个人自我学习、终身学习必备的基本能力。从这个意义上来说，对阅读的强化，无论如何都不为过，良好的阅读习惯，才是一个人最重要的学习习惯。所以，我把阅读问题放在本书的最后一章来谈，用意正是在此。

如果没有阅读和阅读能力，所有的学习将很难持续下去。阅读和阅读能力如此重要，却一直没有引起我们足够的重视。各种官方和非官方的统计都表明，中国人的阅读量，与很多发达国家相比，都有较大的差距。而在我们身边，常年不读书的人比比皆是，平时只是热衷于网络上碎片化的娱乐性文章，其实并不是真正的阅读。

这些当然和我们小时候没能养成良好的阅读习惯有关，如同小时候没学会游泳，长大之后，自然也不会热衷于游泳运动一样。

学生时代阅读的重要意义

对于学生时代各学科的学习而言，阅读和阅读能力也是最为重要的。这体现在以下三个方面。

首先，阅读能力是学好各个学科的基础能力。从小学到大学，无论是语文、英语等文科，还是数学、物理、化学等理科，不管是听课和自学，还是做作业和考试，都需要良好的阅读理解基础。尤其是考试中，学生在限定时间内答题，不仅要迅速理解题意并思考分析，还要进行梳理和组织答案，这些都是以阅读理解和表达能力为前提的。很多小学生的数学应用题，基本就等同于语文阅读理解题，很多学生不能很好地解题，并非是对相关的数学知识和定理公式不掌握，而是无法准确理解题目真正表达的意图。

其次，在自我成长过程中，所有的教育都无法替代自我教育的作用，所有的教育也都要通过自我教育这个过程来实现其教育的目的。而阅读无疑是最好的自我教育，因为阅读每本书、每篇文章,都是读者在和一位智者进行对话和沟通。没有任何人喜欢被别人教育,而不幸的是,很多老师和家长特别喜欢教育别人,于是,师生之间,亲子之间,经常会处于对抗状态。因为在这两类关系中,孩子经常是处于被动接受教育的状态。而阅读却相反,是一个主动接受甚至寻求指导的学习过程,是一个愉悦的受教育过程。

曾经有一位校友向我诉苦,说他上初二的女儿学习不肯用功,得过且过,没什么学习动力。我说:"既然你知道了问题所在,那就帮助你的女儿找一个努力的目标。"他问我:"那给她找一个什么样的目标比较好呢?"我就笑了。目标能是家长给孩子的吗?谁会为别人的目标而全力以赴呢?目标必须是孩子自己的目标,作为家长,只能帮助她寻找,给她创造条件。

这位校友继续追问:"那怎么帮助她呢?"我打了个比方,如果一个男孩从小到大在一个封闭的环境中生活,对外接触很少,也从来没有见过女孩子。等他长大了,有一天你突然问他:"小伙子,你老大不小了,该成家了,你想找个什么样的女朋友啊?"他是不是会很茫然?孩子寻找自己的目标也是一样。

但问题是,世界那么大,能否带孩子去看看?又能看多少?哪里有时间?所以大量阅读才是最重要的。每本书都是一个丰富的世界,通过与无数智者、名人甚至伟人的交谈,孩子可以开阔眼界、提升思维能力;通过感受和体验这个丰富多彩的世界,在智者的亲自指导下思考人生和未来,自然也会找到自己的位置和努力的目标,不断探索生命的意义和价值。

所谓"贫困限制了我们的想象",此处的贫困,并非是指金钱的匮乏，而是知识视野的贫乏，被眼前事物所困，限制了我们的想象力，也就失去了更多的可能性。

最后一点当然是促进语文的学习。随着高考的不断改革，语文学科所占的比重越来越大，对学生语文能力的要求也越来越高，如果仅仅满足于课文阅读和有限的课外阅读，甚至陷入做题之中，显然是未能领会国家高考改革的方向要求，无法适应新高考的考核选拔标准，很难取得好的成绩。单就语文学科本身来说，如果没有较大的阅读量做支撑，无论是阅读理解还是写作，均很难取得优秀的成绩。

当然，阅读并非只是课余有时间看看书那么简单，而是要有质有量。

中小学生阅读量多少才算基本达标

中小学生应该达到怎样的阅读量才是符合要求的呢？可能很多家长并不了解。其实国家对中小学生的阅读量有着明确的要求，上海地区对九年义务制的相关规定是，一个学生从小学到初中毕业的9年间，要达到4000万字的阅读量。4000万字是什么概念呢？假设一本书有一百多页，大概10万字左右，9年一共需要读400本书，平均一年需要读45本，即大约一周就要读一本书。然而实际情况到底怎样呢？孩子平时都在上课、做作业，上各种课外辅导或兴趣班，花在阅读上的时间是相当少的。如果按照平时一个月两本，在寒暑假的时候一周两本这样的速度来阅读，方才勉强达到及格标准。

而据我对很多成绩优秀学生的了解，其阅读量都是远远大于这个标准的。

社会进入了网络时代，孩子获取信息的渠道非常多，书本所占比重被大大压缩，尤其是电脑、手机、电视等电子设备占据了中小学生大量的课余时间，导致孩子更难安心阅读。如果不能让孩子在很小的时候就从文字阅读中感受到乐趣，培养出良好的阅读习惯，待他们慢慢长大之后，是很难抵御那些制作精美、画面炫目的游戏和视频的诱惑的，自然就会日渐失去对阅读的兴趣。

在阅读文字时，阅读者会根据文字的描述进行思考和想象，这是视频和游戏无法替代的。很多孩子在学习和成长过程中的诸多问题，尤其是缺乏对学习的认知，没有动力，很大程度上就是因为缺乏必要的阅读量，造成精神和内心的贫乏，这是广大家长需要引起重视的问题，也绝不是简单的说教批评就能奏效的。

中小学生应该多读哪些书

如同孩子成长需要食物一样，如果只是吃固定的几种食物，一方面会厌烦，更关键的是营养不均衡。精神食粮对孩子成长更重要，如果孩子只满足课本和参考书的阅读，自然也是远远不够的。

中小学生还应该阅读哪些书籍呢？

一位妈妈和我说过这样一件事。有天早晨，她开车送孩子去上学，中途等红灯的时候抽空喝了口水，不小心被呛到了，一路上都在咳嗽，持续了大概半个小时。在这个过程中，她的女儿坐在后座，一言不发。最后突然冒出一句话："停车！我要下车！""怎么回事？"一脸茫然的妈妈当即问她。孩子说："你开车一直咳嗽，我坐在车里感觉不安全，我要下车。"

妈妈特别伤心，向我抱怨道："我这么难受，咳嗽了这么久，她一句关心的话都没说过，只知道担心自己的安全！这是我含辛茹苦教育培养的宝贝女儿吗？"她怎么也想不通孩子怎么会是这样的。如果对天天照顾自己、关心爱护自己的亲妈都是这个样子，那她对自己的老师、同学或者朋友还会有爱心吗？她的心中还有爱吗？

一直以来，我们重视的都是考试成绩和升学，却不太注重爱和美的教育。

世界上不止有道理，不止有成功，还有爱和美。我们每个人都沐浴在父母的爱中，但是我们感受到爱的存在了吗？我们学会爱了吗？我们学会表达爱了吗？我们知道什么是美吗？我们在创造美吗？我们的言行展示出来的都是美吗？

读书要读的就是爱和美。除了课本以外，孩子更要多阅读一些人文的作品，感知和体会爱和美，这样才会更好地感受爱、学习爱、表达爱，也才会更多地认知美、创造美、展示美。

什么是体现爱和美的作品呢？估计很多家长也是没方向的。我们先来感受一下下面这段文字。

波米诺想知道

"有时候，也没什么特别的缘由，波米诺会停下手中正在做的事情，问自己几个问题。

比如，它想知道，小蚂蚁们到底在想些什么？

想知道，孤单单一个人的时候，它该做些什么？

想知道，如果花园消失了，这里会变成什么样？

想知道，它长了头发会是什么模样？

想知道，到底是谁啃了月亮？

想知道，谁曾经路过这里？谁又会再次路过？

想知道，是不是所有的人都会做梦？

想知道，自己是不是也会变老？

想知道，再多吃一粒草莓到底好不好？

想知道，是谁写了你正在读的这个故事？

想知道，是不是早有人问过这些傻问题？

想知道，他们怎么知道春天已经来到？"

这是法国作家雷蒙娜·巴蒂斯库写的《花园小象波米诺》系列绘本中的一段，这套绘本入选了法国"最令孩子心动的二十本童书"。书中波米诺是一只小象，它对这个世界充满了好奇。即便作为成年人的我，在读到这些句子时，内心的柔软也会被触动，我觉得这些就是蕴藏着爱和美的文字，它会让人产生爱和美的感觉。

如果家长能够和孩子一起多阅读这样的文字，这些简单优美而富有张力的文字，在孩子幼小的心灵中，一定会种下坚实的爱和美的种子，随着他的成长不断生根发芽，引导孩子去发现和探索世界的爱和美。

在孩子还不能自己阅读时，家长可以读给他听，也可以播放有声读物，听读是提高孩子阅读能力的有效途径之一。因为听会引发孩子的想象，而读出来会让孩子有更深刻的体验。朗读大师特雷斯曾说过："学生听得懂的语言，比自己看得懂的语言要丰富。"

具体来说，小学生可以读一些故事书、童话书和历险记，激发他们探索这个世界的兴趣，去感受自己看到的和接触到的东西。对于中学生而言，可以接触文学类、传记类、人文类和科技类的书籍，培养良好的兴趣爱好和阅读习惯。由于这时还处于青春期，正是形成价值观、人生观、世界观的关键时期，所以一些名人传记（最好是自传），将会对他们的心灵产生重大的影响，这些自传可以使他们跟随主人公的心路历程，体验不同的人生。当孩子阅读时，对于自己生活或者学习中遇到的困惑也会有所感悟，对于孩子的成长大有裨益。

如何有效激发孩子的阅读兴趣

知道了要读多少书，读什么书，是不是家长只要把这些书都买回来，要求孩子读就可以了？当然没有这么简单。事实上很多家庭都有很多书,但孩子读了吗?很多孩子很喜欢看书,也看了很多书,但收获大吗?如果看书之后语文成绩都没有很出色,这就说明阅读质量不高。

那么应该怎样去阅读呢?

首先,家长需要明确一点,阅读本身是一个愉悦身心的过程,带着功利性目的去要求孩子阅读是不可取的。很多家长会要求孩子读过一本书后,写一些读后感,导致孩子对"读一本书"这个过程很抗拒。如同去一个地方旅游,本来是非常开心的一件事情,欣赏无边景色或探访人文古迹来丰富自己的感受、拓宽自己的视野,却因为被提前告知回去后必须写周记、写见闻,导致很多中小学生非常反感出门游玩,宁愿留在家里。

有的家长认为,如果不这么强制要求孩子写读后感,孩子读过以后就忘了,不就等于白读了吗?事实并非如此,对于这个问题,有人做出了非常精彩的回答:"小的时候我吃了很多东西,其中的大部分我已记不清是什么,但我知道,它们已经成了我现在的骨和肉。读书也是如此。它在不知不觉中就已经影响了你的思想,你的言行,你的形象。"

在阅读的过程中,那些感受和反思的部分已经留在了我们的记忆里,并且在不断地阅读积累中,书中的养分会不断滋养我们的灵魂,充实我们的思想。这才是我们培养阅读习惯的最终目的。

其次,阅读需要一个良好的环境和氛围。现代家庭普遍的特点是衣服很多、电器很多、各种吃的喝的玩的很多,就是书很少。这种环境下,怎么可能期望孩子去积极读书呢?周围接触的都是手机、电视、电脑,孩子又如何静下心来读书呢?所以我们需要营造一个适合读书的环境，比如一个充满檀香的书房，让孩子随时可以接触到各种各样的书籍，在书香里成长，耳濡目染之下，孩子一看到书，就会感到非常亲切，对于培养其阅读习惯有着很大的促进作用。

再次，定期组织和孩子共同参与的读书活动，陪着孩子共同读书是非常重要的。身教大于言传，父母一定要做到和孩子一起读书，而不是简单地要求孩子好好读书，自己却在一旁玩手机、看电视，这样会对孩子产生非常负面的影响。孔子云："己所不欲，勿施于人。"孩子会认为父母不爱读书，为什么整天强迫他去读书？即便被逼着去读了几页，更多也是应付着完成任务，阅读效果必然会大打折扣。

在亲子共读中，父母可以将书中的故事读给孩子听，积极地用问题引导孩子深入思考，并和孩子一起讨论书中内容。一方面孩子可以时刻感受到父母在与自己一起读书，促进亲子关系，孩子也乐意去读；另一方面父母也可以更加深切地感受到孩子的进步，有什么比感受到孩子的成长更能让父母欣慰的事情呢？

最后，要明确阅读是一个长期的过程，是一种学习和生活方式。陶渊明曾说过："勤学如春起之苗，不见其增，日有所长。"阅读也是一样，短时间内可能看不到其效果，但是坚持下来就会有质的飞越。如果每天能够坚持半小时，相信一两年下来，就会发现积累下来的阅读量已经远远超出了你的想象。宋朝诗人黄庭坚曾有一句名言："士大夫三日不读书，则义理不交于胸中，对镜觉面目可憎，向人亦语言无味。"细细想来，的确如此！这就是常说的腹有诗书气自华的原因吧。

大声朗读的重要作用

阅读，不仅要阅，更要读，要强化"大声朗读"。很多人喜欢看书，尤其是很多中小学生喜欢默读。更普遍的可能只是在看故事情节，看得很快，并没有认真去体会文字。很多书看完后，感觉只是过眼云烟而已，甚至语文阅读理解和作文都没有明显进步。如果只是满足于简单地看书，会极大地降低阅读效果。大声朗读才能让"阅读"的效果最大化。

为什么要大声朗读呢？我认为大声朗读有以下六个作用。

第一，朗读时可以感受到每一个字词的表达，有助于深入理解。 阅读的关键是对文字的理解和表达的体验，大声朗读才能更加深切地体会到每个文字的表达。书读百遍，其义自见。对文字的感受增强，自然也有助于写作能力的提高。

第二，在朗读时，注意力会更加集中。 "看"的注意力相对来说会更容易被分散。那些平时很少大声朗读的孩子，刚开始进行朗读时，经常会出现读漏字、读错字，甚至添字和读错行的情况，就是因为注意力没有非常集中。严格精准朗读的训练也是对专注力的有效训练。

第三，大声朗读，更有助于记忆的强化。 科学研究表明，大脑对于声音信息的处理更加高效。朗读时，眼睛看着文字，耳朵听着朗读的声音，大脑进行这种双重信息的处理，会激发大脑进行相关画面的想象，促进理解，强化记忆的作用非常明显。这也是为什么背诗、背英语时一定要大声读效果才更好的原因。

第四，大声朗读，有助于锻炼表达能力。通过大声朗读，孩子倾听着自己的声音，大脑不断处理信息的同时，会深切感受到文字的含义和文章的情感，自然会表达出这种情感，时间长了，表达能力也会得到很大的锻炼。

第五，大声朗读，有助于提升孩子的自信心。通过大声朗读，孩子的身心可以得到极大的释放，随着表达能力的提升，听着自己字正腔圆的声音，自我感觉就会不同，自信油然而生。

第六，大声朗读，有助于开发孩子的右脑。大声朗读的时候，通过对文字的深入理解，对表达的用心体验，大脑会自然催生出对画面的想象和对情感的感受，这些都是右脑活动。

记得有一次，我带着一个四年级的小男孩散步，他给我背徐志摩的《再别康桥》，诗句倒是背得很熟练，却没有感情。我建议他："诗歌是要朗诵的，是要把诗的意境朗诵出来的。比如'轻轻的我走了'，是不是要把'轻轻的'这个感觉给读出来？'轻轻的招手'是不是有招手的感觉？'作别西天的云彩'，'作别'就是告别、道别的意思，是不是要让听的人有这个'别'的意境？"

他想了一会儿，开始尝试。我让他背的时候在脑海中想象出这首诗的一幅幅画面，这个时候朗诵出来的效果明显就不一样了，显得抑扬顿挫且富有诗意。我建议他以后按照这种模式来训练，肯定会有不同的感觉。慢慢地，小家伙朗诵的感觉越来越好，后来他告诉我非常喜欢这种朗读，感觉朗诵的时候，好像是艺术家在表演，非常有意思。

事实上朗诵和唱歌在本质上并没有区别，都是用声音演绎出需要表达的情感和思想内容，比如中央电视台非常受欢迎的综艺节目《朗读者》，给我们非常美妙的艺术享受。

家长经常说孩子不愿意大声朗读，主要原因是孩子没有感受到朗读给他带来的享受。多带着孩子一起欣赏《朗读者》这个节目，感受朗读者对句子、文章、诗歌的表达，相信孩子对朗读就会有不同的感受。就像刚才《再别康桥》的例子，带有感情地朗读和平淡无奇地背诵，孩子一定会感受到其中的差距。《礼记·学记》云："善歌者，使人继其声。善教者，使人继其志。"听到美妙的歌声，听众就会不自觉地跟着学唱，朗读也是一样。

如何帮助孩子提升阅读理解能力

怎么才算会读书？才算把一本书读懂了？很多孩子虽然读了很多书，但基本就是看看故事情节或者好玩的地方，之后便一笑了事。家长也许会问问这本书都讲了什么，孩子可能讲个大概意思，一段时间以后，也就淡忘了。这个就是浅层次的看书，有些通俗小说，或者漫画之类的书，这样看看也未尝不可，但如果所有的书都是这么简单看看，确实很难有预期的收获。

读书不用功，读完一场空。如何真正深层次地读懂一本书，得到该有的收获，同时提升阅读和写作的能力，进而越来越喜欢读书呢？我认为核心做法就是引导孩子进行深入思考，这就需要家长带着孩子进行刻意的训练。

有一个小朋友对我说:"葛老师,我给你讲一个故事。"我问他:"什么故事啊?"他说:"从前有座山,山上有座庙,庙里有一个老和尚和小和尚,有一天老和尚对小和尚说,我给你讲个故事吧,从前有座山,山上有座庙,庙里有一个老和尚和小和尚,有一天……"我立刻打住了他:"就是这个故事吗?"他说:"就是这个故事。"我说:"我想请教一下,为什么寺庙要建在山上呢?""啊?"他愣了一下说:"寺庙建在山上,应该是为了要安静吧。"我又问道:"那为什么要安静呢?""和尚念经需要安静的环境。""念经为什么要安静呢?学生读书也要安静,为什么学校不建到山上去呢?还有,山上那么远,老和尚和小和尚买东西,出门都非常不方便,这样的话,安静有什么用呢?"通过一连串引导性的问题,我启发他去思考,让他在思考中获得更深层次的认识。

我们能不能打开自己的思路,其实并不是在于书本本身的内容,而是在于是否进行深入思考。若仅仅就事论事会非常枯燥无趣,也没有启发和想象的空间。如果一个孩子的思维是封闭的,那么即使他再聪明,也只是在自己固有的想法里转圈,相当于思想被束缚在方寸之地,无法突破,书读得越多,反而更加固执己见。

阅读时,具体如何引导孩子进行深入思考呢?可以从六个层次逐层递进去进行引导。这六个层次依次是记忆、理解、应用、分析、评估、创作(如图10-1)。

图 10-1

以耳熟能详的《龟兔赛跑》的故事为例,几乎所有人都听过这个故事,当孩子读完这个故事之后,我们应该如何从这六个层次,引导孩子去思考呢?

第一层次提问的关键是:是谁?在哪里?发生了什么?多少人参与了活动?什么时候发生的?取得了怎样的结果?目的是澄清故事内容的具体信息,强化记忆。

孩子读完这个故事,我们可以向他提一些简单的问题,比如谁和谁赛跑?在哪里赛跑?跑了多久?结果是怎么样的?这一层是为了让孩子更加熟悉故事的内容,强调的是时间、地点、对象以及结果,重复故事的关键过程进行巩固记忆。

第二层次提问的关键是:主要观点是什么?为什么?有什么区别?目的是要孩子去理解所读的内容。

要让孩子理解这个故事,我们可以提一些这样的问题:它们为什么要赛跑?兔子为什么跑得更快?兔子为什么中途要睡觉?这个故事到底想讲什么?通过这些问题,让孩子复述记忆中的情节,开始引导思考。

第三层次提问的关键是:有其他什么情况是一样的?如果其他情况发生了会怎么样?还有哪些方式?重点强调的是其他知识在这个场景下的应用。

比如可以引导孩子:如果乌龟的好朋友青蛙和兔子赛跑会怎样?如果乌龟和兔子比赛游泳结果又会如何?乌龟和兔子应该比赛什么才更公平?

第四层次提问的关键是:你的观点有什么不同或者是不是一致?可以从中发现什么?引导孩子跳出故事本身,进行深入思考,得出自己的观点。

比如可以引导孩子:如果你是兔子,你会怎么做呢?如果你是乌龟,你会和兔子比赛跑步吗?你觉得真的是乌龟赢了兔子吗?以此来鼓励孩子去思考分析,进而得出自己的观点。

第五层次提问的关键是:你认为这样是对的,还是错的?有没有更好的建议?让孩子进一步判断,启发孩子思考。

第五层次是评估层,我们可以追问孩子:你觉得兔子看不起乌龟是对的吗?你对乌龟和兔子各有什么建议呢?你觉得这个故事合理吗?通过这些问题,引导孩子评估这个故事。

最后,我们就可以开始训练孩子的创造力和想象力了,进入第六层次——创作层,即让孩子根据所读故事,进行新的创作。比如要求孩子给龟兔赛跑创作一个新的结尾,或者重新改写整个故事情节,甚至可以试着鼓励孩子,根据这个故事创作一首诗或者一首歌曲。

改写的过程就是二次创作,也叫创意写作。如果阅读能够达到这个层次,对孩子的影响将是非常巨大的。他的想象力、创造力以及对阅读的喜爱都会进入一个空前的高度。

然而在日常学习和阅读中，很少有家长能够做到这一点，老师也很少带领孩子去做这样的练习，我们通常只是满足于孩子进行简单的阅读，很少会引导孩子进行相关的思考。

我们都强调孩子阅读要走心，"走心"就是要在阅读过程中进行深入思考。从一个简单熟悉的《龟兔赛跑》，我们可以发散出如此丰富的内容，而各种不同的童话故事、寓言和小说等，可以引发的思考更是海量的，那么孩子面对如此有趣的阅读，又怎么会不喜欢呢？

简单总结一下，如何才能做到让孩子走心地阅读呢？

首先，家长要选择让孩子感受到爱和美的文章、故事、小说等文学作品，切记不要简单地只让孩子看一些作文选，也不要功利性很强地要求孩子必须写读后感。

其次，要做到坚持阅读，而且要和孩子一起阅读，持之以恒，身教大于言传，不能只要求孩子，自己却不做表率，否则容易让孩子产生逆反心理，不利于孩子阅读兴趣的培养。

然后，精选内容大声朗读，最好让朗读有唱歌一样的感觉，让孩子感受到朗读的美好，这对于增强孩子的自信和锻炼孩子的表达能力有着至关重要的作用。

最后，就是阅读一定要思考，引导孩子发散思维，按照六个层次进行逐层引导，不断提高孩子的阅读能力。深入思考得到的，才是真正的收获。

在这一部分中，我们探讨了如何让孩子的作业速度快起来，如何让孩子具有认真的学习品质，如何让孩子的课堂更加高效，如何让孩子在学习时更加专注，如何让孩子积极动脑，以及如何让孩子更加"走心"地进行阅读。这六部分内容基本涵盖了一个孩子学习的各个方面，只要家长真正地用心体会具体做法和内在原理，在实际中去努力实践，从说教到力行，切实帮助孩子训练这些习惯，我相信，孩子一定会比你想象得更加优秀。

当然，良好习惯的养成并不是一蹴而就的，我们始终强调一定要坚持，家长能坚持多久，孩子就能坚持多久。在现实生活和学习中，孩子面对丰富多彩的世界，有着许多诱惑，很容易受到环境的影响，这是时代和社会发展的必然结果。新的时代，新的要求，在方方面面的限制与阻碍下，帮助孩子培养良好的习惯，帮助孩子更好地学习，显然并不简单，家长必须要有超乎寻常的耐心。但是我始终坚信，只要按照这样的方法坚持去做，每个孩子都可以培养出良好的习惯！爱能融化一切坚冰，对孩子真正的爱，是对他的严格要求，将来，他一定会感激父母。

最后，我送给家长和老师们一句话，当我们能够用心体会这句话时，就一定会知道应该如何去帮助你的孩子，培养你的孩子，陪伴孩子健康成长：

家长和老师们，

你们每天的一言一行，

都在对孩子进行心理暗示，

你们的孩子，

一定会成为

你们心目中的那个样子！

从说教到力行